Cuentos de Latinoamérica

Carlos Delgado

Inhaber: Julius Robert Wolff
Hindenburgstraße 17, 31832 Springe
Kontakt: info@schinken-verlag.de

Cuento 1: La vecina extraña en Iquique, Chile

Ricardo Marques vive con su familia en la ciudad de Iquique, en el norte de Chile. Esta ciudad es un puerto comercial muy importante, porque es "zona franca". Es decir, que allí no se paga el impuesto llamado IVA, que es del 19%. Así que mucha gente del sur de Chile y de los países vecinos vienen a comprar a Iquique para aprovechar que los precios son más bajos.

Además, en Iquique el agua del mar es templada, lo que significa que la gente puede bañarse en la playa casi todo el año. Las olas son buenas para el surf, así que es normal que se vea por las calles de la cuidad a *cabros y cabras*, que es como en Chile llaman a los chicos y chicas, que cargan sus tablas de surf para ir a la playa. El clima de Iquique es agradable comparado con los extremos que se sienten más al sur. Aquí, la temperatura máxima en verano es de alrededor de 25 °C y la mínima en invierno ronda los 13 °C.

En Iquique muchas personas trabajan en la minería, en la pesca o en el comercio, pero Ricardo Marques trabaja en los astilleros, que es el nombre que se le da a las fábricas de barcos. Ricardo trabaja para una compañía llamada "Marco Chilena". Él es carpintero y su trabajo es dar los acabados de lujo a los yates que se construyen allí.

Una mañana, al salir de su casa, Ricardo se encontró con su nueva vecina de al lado, una señora mayor, pero fuerte y saludable. Él sabía que una nueva familia se había mudado allí, así que saludó a la señora con amabilidad:

—Buenos días, es un gusto conocerla, mi nombre es Ricardo.

—Buenos días joven —dijo la señora—, mi nombre es Lucía.

—¿Cómo está su salud? —preguntó Ricardo.

—Muy bien joven —dijo la señora Lucía— tengo mis achaques, pero no me quejo.

Después Ricardo y la señora Lucía se despidieron, él se fue a su trabajo, y ella al centro a caminar un poco.

Al día siguiente, al salir de su trabajo, Ricardo estaba en uno de los centros comerciales de la ciudad, en el "Mall Zofri" (ZOFRI son las siglas para Zona Franca de Iquique). Allí se encontró por casualidad a su nueva vecina, la señora Lucía. Al verla, la saludó diciendo:

—¡Hola, señora Lucía! ¿Cómo está usted?

Pero la señora Lucía no le hizo caso, de hecho, a Ricardo le pareció que se volvió para verlo, pero se hizo la desentendida, es decir, que a propósito hizo como si no le hubiese escuchado, ni visto.

Al llegar a casa, Ricardo le contó a su esposa lo sucedido:

—Paola, sabes que ayer conocí a la nueva vecina, es una señora mayor llamada Lucía. Ayer fue muy amable conmigo, pero hoy por la tarde me la encontré en el Mall Zofri, la llamé, y me pareció que se hizo la desentendida para no saludarme.

—¿No será que no te vio? —pregunta Paola.

—No estoy seguro de sí me vio —dice Ricardo—, pero tuvo que haberme escuchado cuando le hablé.

—¿Será que es sorda? —pregunta Paola.

—Creo que no, porque ayer hablé con ella y ella me respondió.

—Es un poco extraño —dice Paola.

—Sí, es un poco extraño —dice Ricardo.

Al día siguiente, Paola se encontró con la nueva vecina saliendo de su casa, cuando iba a llevar a su hija a la escuela:

—¡Hola vecina! Es un placer conocerla, mi nombre es Paola.

—¡Hola! ¡Qué bueno conocerte! —dijo la señora—. Mi nombre es Lucía —y mirando a la niña, dijo—: ¿Esta es tu hija? ¡Qué niña tan hermosa! ¿Cómo te llamas?

—Patricia —contestó la niña.

—¡Patricia! —dijo la señora Lucía con una sonrisa— ¡Qué bonito nombre!

—¿Cómo amaneció hoy señora Lucía? —preguntó Paola.

—¡Mejor que nunca! —respondió la señora—. Hace días que no me levantaba sin el dolor de espalda. Quiero salir a dar una vuelta por la playa, para mantenerme en buena forma física.

Al día siguiente volvieron a encontrarse, y la señora Lucía saludó a Paola y a la niña Patricia con cariño. Así que Paola comenzó a tomarle cariño a la señora Lucía. Por eso, le parecía muy extraño que Ricardo pensara que la señora no quería saludarlo.

Unos días después, el domingo, la familia paseaba por el Paseo Baquedano, que es una de las calles turísticas de la ciudad. En esta calle vivían los millonarios de Iquique a finales del siglo 19 (XIX). Por eso, hay muchas casas de madera que tienen más de cien años, y como Ricardo es carpintero, siente fascinación por esas viejas casas de madera. A Ricardo, sobre todo, le gusta una en particular, a la que los turistas pueden entrar y observarla de cerca, se llama "El palacio Astoreca".

Este palacio fue construido en 1904 por encargo de Don Juan Higinio Astoreca, uno de los millonarios de Iquique en ese tiempo. Tiene 37 habitaciones, y nunca fue habitado por la familia Astoreca, ya que ellos decidieron mudarse a Valparaíso, otra ciudad de Chile, en el mismo año en que fue terminada.

En el Paseo Baquedano, se puede caminar tranquilamente por la calle, siempre hay familias paseando, también hay *pololos* tomados de las manos, que es como llaman los chilenos a los novios, y muchos comerciantes.

Mientras la familia caminaba, la niña de Ricardo y Paola vio que la señora Lucía se acercaba caminando.

—¡Mira, ahí viene la señora Lucía! —dijo la niña emocionada—. ¿Puedo ir a saludarla? —le preguntó la niña a su madre.

—Sí hija, ve —dijo Paola.

Y la niña salió corriendo a saludar a la señora Lucía mientras gritaba:

—¡Hola, señora Lucía!

Pero justo cuando la niña se acercaba, la señora Lucía la apuntó con su bastón y la miró con seriedad. La niña se detuvo y le dijo:

—Señora Lucía, soy yo, Patricia.

Pero la señora Lucía la ignoró y siguió caminando.

La niña regresó a dónde sus padres y les dijo con tristeza:

—La señora Lucía no quiso saludarme.

—¡Qué extraño! —dijo Ricardo.

Pero *al tiro* (que para los chilenos significa *de inmediato*) Paola *se puso de maleta*, que es la forma en que los chilenos dicen que se molestó por el desprecio que la vecina le hizo a su hija.

Esa tarde, al llegar a su casa, la familia vio salir de la casa de la señora Lucía a dos hombres jóvenes, que se les veía un poco preocupados.

—Buenas tardes vecinos —dijo Ricardo.

—Buenas tardes —dijo uno de los hombres—, mucho gusto en conocerlos, yo soy Carlos y él es mi hermano Manuel, ¿ya conocieron a nuestra madre?

—Sí —dijo Ricardo—, hace unos días conocimos a la señora Lucía.

—Queríamos conocerlos para decirles algo importante —dice Carlos y hace una pausa—, el asunto es que nuestra madre sufre de Alzheimer, esa enfermedad hace que a veces reconozca a las personas y otras veces no. Poco a poco debemos informar a todos los vecinos para que sepan de su enfermedad.

—Entiendo —dice Paola un poco avergonzada por haber pensado mal de la señora Lucía.

—Ella tiene unas plantillas para sus zapatos que tienen un GPS, que nos permite encontrarla si se pierde —dice Carlos—, pero hoy se cambió de zapatos, y no se llevó las plantillas, ni se llevó su teléfono móvil, así que tenemos que salir a buscarla, a veces nos toma horas encontrarla.

—¡Nosotros la vimos! —grita Patricia sin dar tiempo a que sus padres hablen.

—¿Dónde la vieron? —pregunta Manuel.

—En el Paseo Baquedano, hace una media hora —dice Ricardo.

—¡Gracias a Dios! —exclama Carlos—. Vamos a buscarla en seguida, fue un placer conocerlos.

—¿Podemos ayudarles a buscarla? —pregunta Paola.

—Sí, claro que sí —dice Carlos—, sería de gran ayuda.

Entonces, todos salen a buscar a la señora Lucía por el Paseo Baquedano.

Después de un rato de caminar, cuando pasaban frente al Museo Militar, la pequeña Patricia dice:

—¡Ahí está!

Cuando sus padres la ven, se acercan calmadamente mientras Ricardo toma su teléfono móvil y llama a Carlos para decirle que la encontraron frente al museo.

La niña y su madre se acercan a la señora Lucía y le dicen:

—Buenas tardes.

—Buenas tardes —dice la señora Lucía con una pequeña sonrisa.

—Mi nombre es Paola, y ella es mi hija Patricia —dice Paola respetuosamente.

—Mucho gusto, mi nombre es Lucía —dice la señora.

Así, la familia Marques, tuvo el placer de volver a conocer muchas veces a su querida vecina, la señora Lucía, que siempre fue muy cariñosa con ellos; hasta que diez años después falleció, y los Marques lloraron mucho por su ausencia.

Preguntas

1. ¿Dónde trabaja Ricardo Marques?

2. ¿Qué significan "las siglas ZOFRI"?

3. ¿Cómo se llama la esposa de Ricardo Marques?

4. ¿El uso de GPS en las plantillas de los zapatos ayude a las personas con alzheimer?

5. ¿Es adecuado comunicarle a los vecinos cuando alguien sufre alguna enfermedad?

Cuento 2: El empresario del Uruguay

Pedro es un hombre de negocios de Montevideo, la capital de Uruguay. A él le va bien con sus negocios, pero, por alguna razón, siente que, aunque está prosperando, no es feliz.

Por la tarde, llega a su casa y saluda a su esposa y a su hijo de cinco años. Luego, su esposa Laura le dice:

—Necesito decirte algo.

—*Decime* (Dime), te escucho —contesta Pedro, pero en ese momento suena una alerta en su *teléfono móvil* (que en la mayor parte de Latinoamérica llaman *celular*). Es un mensaje, Pedro lo revisa e inmediatamente hace una llamada, mientras con su mano le hace una seña a su esposa para que espere un momento.

—Hola, ¿cómo andas? —pregunta Pedro al teléfono.

—Bien —contesta una voz masculina—, te llamo, porque mañana no podré ir a la oficina. Tengo que llevar a mi hijo al médico.

—José, *vos sabes* (tú sabes) que la mercancía llegará mañana.

—Es una emergencia —dice José—, tendrás que encargarte vos del negocio solo.

—Pah, *me mataste* —dice Pedro (esto quiere decir que José está pidiendo demasiado).

—Yo sé que ese despacho de mercancía es muy importante —dice José—, pero no puedo mañana, tengo que llevar a mi niño al médico.

—Yo te entiendo a vos, pero vos también *entendéme* (entiéndeme) a mí —dice Pedro.

—*Tranqui panqui* (esto en el Uruguay significa *no te preocupes, tranquilo*) —dice José—, ya llamé a Francisco y me prometió que irá mañana a ayudarte.

—Vos *tenés* (tienes) que prometerme —dice Pedro— que si te *desocupás* (desocupas) temprano irás a la oficina.

—*Dale, vemos* —responde José (en Uruguay, esto significa que él no irá mañana, aunque se desocupe temprano y que quiere terminar la conversación de forma cordial).

Pedro cuelga la llamada.

—¿Sucede algo? —pregunta Laura.

—Sí, José no irá mañana a la oficina —responde Pedro—. ¿Qué era lo que vos querías decirme?

—No… no era nada importante —responde Laura disimulando.

—¿Cómo se portó el niño hoy? —pregunta Pedro.

—Bien, ¿o quieres que te cuente? —dice la esposa.

—*¡Contame!* (¡Cuéntame!) —dice Pedro.

—Hoy empezó a halar el mantel de la mesa —dice la esposa—, cuando lo vi…

En ese momento, vuelve a sonar el celular de Pedro. Él ve la pantalla y de nuevo le hace una seña con su mano a su esposa para que espere un momento, y contesta la llamada.

—Hola Luis, *contame* (cuéntame) —dice Pedro al responder la llamada.

—Hola Pedro, te llamo porque el proveedor de Brasil quiere que le enviemos todos los papeles de nuevo.

—¿Otra vez? —pregunta Pedro—. ¿Qué pasó? ¿Los perdió?

—*Yo para mí* (es una redundancia que se usa en el Uruguay para indicar que se trata de una opinión personal) —dice Luis—, que el brasileño retrasa el negocio, porque todavía no tiene la mercancía.

—Está bien, no tenemos alternativa; vos *mandale* (tu mándale) todos los papeles de nuevo. Después veremos qué otra excusa se le ocurre al brasileño. Cualquier cosa *avisame* (avísame).

—Está bien, hablamos —dice Luis, y Pedro cuelga.

Pedro ve que Laura está revisando su propio celular y le dice:

—Entonces, ¿qué pasó con el niño?

—Ahora te cuento —responde Laura sin levantar la mirada.

Después, su esposa se le acerca con la intención de decirle algo, pero en ese momento, suena una notificación en el celular de Pedro.

Cuando Pedro lo ve, le dice a Laura:

—Antonio nos invitó a su casa esta noche, *¿querés ir?* (¿quieres ir?)

—Sí, vamos —responde Laura.

—¿Vos querías decirme algo? —pregunta Pedro.

—No… no era nada importante —responde Laura.

Cuando llegan a la casa de su amigo, Pedro se sienta en la sala, donde está un grupo de sus amigos conversando; pero casi de inmediato saca su celular para revisarlo. Aunque Pedro está con ellos, en realidad está ausente, pasa casi toda la velada en su celular, revisando los mensajes y las notificaciones de sus redes sociales o haciendo llamadas "urgentes".

—Andan bien tus cositas, ¿eh? —le dice a Pedro uno de sus amigos en un momento en el que no está concentrado en su celular (este saludo que en el Uruguay demuestra algo de ironía).

—*Ahí, tirando pa' no aflojar* —responde Pedro (una respuesta que da a entender que no le va realmente bien. En el Uruguay, no se acostumbra decir que uno está muy bien).

—Y vos, ¿cómo vas? —pregunta Pedro.

—Bien, ¿o querés que te cuente? (respuesta que da a entender que le va muy mal, pero no contará más, a menos que Pedro se interese.)

Pedro no responde, y de nuevo saca su celular.

Al día siguiente, mientras va camino a su trabajo, Pedro ve a un viejo compañero de equipo de futbol, que viene caminando hacia él y que tenía muchos años sin ver. En ese momento se da un largo saludo típico uruguayo:

—¡Hola Ernesto!

—¡Hola Pedro! Tiempo sin verte —responde Ernesto sonriente.

—¿Todo bien? —pregunta Pedro.

—Bien, ¿y vos? —pregunta su viejo compañero de equipo.

—Yo bien, ¿en qué andas? —pregunta Pedro.

—Acá, en la vuelta, ¿y vos? —pregunta Ernesto.

—Bien, tirando —responde Pedro sin dar detalles.

—A ver si nos vemos algún día —le dice su viejo compañero.

—Dale, vemos —responde Pedro, sabiendo que no se volverán a ver a menos que sea por pura casualidad, como en esa ocasión.

Al llegar a su casa, Pedro saluda a Laura como siempre y le dice:

—¿Vos querías decirme algo?

Ella le mira, se sonríe y le dice:

—*Esperá* (espera) un momento.

Entonces toma su celular y hace una llamada. En ese momento el celular de Pedro suena, y cuando ve la pantalla, quien le llama es Laura, que está frente a él.

—*¡Decime!* (¡Dime!) —le dice Pedro a Laura antes de contestar.

Ella levanta las cejas y le dice:

—¡Te estoy llamando!

Pedro responde la llamada y Laura le dice mirándolo a los ojos:

—El doctor dice que tengo tres meses con una niña en mi vientre, me enteré hace mes y medio; pero no he podido decírtelo, hasta que se me ocurrió que lo que tenía que hacer era llamarte. ¡Qué tonta he sido! Te lo hubiese dicho hace un mes. Quiero que me lleves a caminar todas las tardes a "La Rambla", pero sin llevar los celulares.

Pedro, emocionado la abrazó y comenzó a besarla en su barriga. A partir de ese día, todas las tardes la familia sale a caminar a La Rambla, el hermoso y largo malecón que bordea la costa del "Río de la Plata" en Montevideo, pero sin sus celulares y desde que lo están haciendo, Pedro y su esposa son más felices.

Preguntas

1. ¿Cuál es la capital de Uruguay?

2. ¿Por qué José no podía ir a la oficina?

3. ¿Qué deporte practicaban Pedro y Ernesto?

4. ¿Pedro descuidó a su familia por los negocios?

5. ¿Fue buena decisión de la esposa de Pedro el exigirle salir sin sus celulares?

Cuento 3: ¿Puede arreglar mi lavadora? República Dominicana

Ricardo es un hombre muy hábil con sus manos, desde niño, siempre tuvo una habilidad especial para reparar cosas. De adulto aprendió a reparar máquinas lavadoras de ropa, y tiene un pequeño taller de reparación de lavadoras y secadoras en el garaje de su casa; en un barrio de Santo Domingo llamado "Gualey", en la calle 27.

Ricardo acostumbra decir que su trabajo es resolver los problemas de las amas de casa y devolver la paz al hogar. Ya que cuando las lavadoras se dañan, las amas de casa tienden a desesperarse y presionar a sus maridos para que reparen la lavadora lo más pronto posible, ocasionando fuertes peleas familiares.

Una mañana, llegó a su negocio una pareja joven que traía su lavadora:

—Buenos días —saludó la pareja a Ricardo, mientras entraban a su garaje y el esposo cargaba la pequeña lavadora con dificultad.

—Buenos días —dijo Ricardo dejando a un lado un trabajo que hacía en ese momento—. ¿En qué puedo servirles?

—Tenemos problemas con nuestra lavadora —dijo ella—, hace tres días que no quiere lavar.

—Entiendo —dijo Ricardo pensativo, luego preguntó—: ¿Sabe si la lavadora exprime la ropa?

—¡Sí! —dijo la esposa—, pero no lava.

Ricardo tomó la lavadora y la conectó al toma corriente. Luego, encendió la lavadora y movió los controles para hacerla exprimir.

—¿Recuerda qué tipo de ropa lavó por última vez? —pregunta Ricardo mientras ve que la lavadora exprime.

—Sí, era la ropa del trabajo de mi esposo —dice la esposa—, pero después quise lavar mi ropa y la lavadora no funcionó.

—Y me echó la culpa a mí —dice el esposo—, como si yo lavara. ¿Qué culpa tengo yo de que la lavadora no lave? ¿Verdad señor Ricardo?

Ricardo no contestó palabra alguna, mientras desconectaba la lavadora de la corriente y tomaba su caja de herramientas para desarmarla.

—Ese día yo andaba *con truño* (expresión que en República Dominicana significa que estaba brava, molesta) —dice la esposa— porque… *¡Qué quille!* (expresión que quiere decir: *¡Qué desagradable, qué molestia!*) Esa lavadora a veces lava y a veces no.

—¡Ah! —dice Ricardo mientras desarma la lavadora—. Quiere decir que lava por unos días, luego se para y después se arregla por sí sola.

—*Ecole cuá* (que en la región del Caribe significa *exactamente*) —dice la esposa—, pero ahora si es verdad que se paró (detuvo) por completo, porque esperé tres días y hasta hoy no funciona.

—Yo llevé a la casa a un amigo mío que *medio sabe algo* (expresión que significa que en realidad sabe muy poco) —dice el esposo—, pero no pudo repararla.

¡Ese no sabe nada! —dice la esposa—. Mi esposo llevó a un señor que solamente le quitó la tapa de atrás, la vio, y nos quería cobrar por no hacer nada. Mire señor Ricardo —continúa la esposa—, cuando le pregunté qué tenía la lavadora, *me vino con una muela* (expresión caribeña que significa que le contó un cuento o una mentira), y me dijo que no tenía el repuesto que supuestamente estaba dañado. Yo creo que se *engrifó* (expresión que significa que le dio miedo), porque no sabía nada y *abrió gas* (expresión que significa que se marchó).

—Bueno, pero no le pagamos nada —dijo el esposo en su defensa.

—Ah… pero escuche esto señor Ricardo —dice la esposa—, después mi esposo me dijo que él tenía otro amigo que sabía de lavadoras; pero yo le dije: *Tumba eso* (expresión que significa *olvídate de eso, eso no sucederá*), mañana vamos a llevar la lavadora al taller del señor Ricardo, él la acomodó (reparó) la lavadora de mi *comadre* y quedó muy bien.

(*Comadre* (mujer) y *Compadre* (hombre), son parentescos que se forman cuando una persona sirve de testigo del bautismo religioso del hijo de alguien. En algunos países es casi como un familiar.)

—Bueno —dice Ricardo mientras desarma la lavadora— espero poder repararla, veamos si podemos descubrir qué tiene la lavadora.

—Yo sé que usted sí sabe, porque usted le reparó la lavadora a mi comadre —insiste la esposa—. Pero eso le pasó a mi esposo por *tiñoso* (expresión que significa *tacaño*), porque ya le había dicho que le trajéramos la lavadora a usted.

Mientras Ricardo revisa la lavadora, la pareja observa atenta desde cierta distancia, por un momento dejan de hablar, pero luego, la esposa dice:

—¿Usted cree que se pueda arreglar hoy? Es que tengo *una montaña* (mucha) de ropa sucia en la casa.

—Creo que aquí está el problema —dice Ricardo señalando a una delgada manguera (tubo) de plástico transparente—. Esta manguera está tapada, vamos a lavarla y ya veremos si funciona.

La pareja se acerca un poco más para ver a Ricardo sacar la manguera plástica, lavarla con agua y volverla a montar.

—¿Usted cree que sea eso? —pregunta el esposo.

—Vamos a probarla para ver —dice Ricardo mientras arma la lavadora y la conecta para que se llene de agua.

—¿Por qué se tapa esa pieza? —pregunta el esposo.

—Porque se lava con mucho detergente —dice Ricardo disimulando su risa, sabiendo lo que sucederá a continuación.

—¡Te lo he dicho mujer! —dice el esposo— ¡No laves con tanto detergente! Mire señor Ricardo, se lo he dicho en todos los idiomas, pero ella no me escucha.

—Es que mi esposo trae la ropa muy sucia —dice la esposa para defenderse—, y tengo que dejársela limpia. Además —dice mirando a su esposo— ¿cuál es tu *pindilú*? (expresión que significa *¿Cuál es tu problema?*)

—Señor Ricardo, yo le compro una bolsa de detergente, y ella la gasta en una semana —dice el esposo, quejándose— ella echa el detergente directo de la bolsa, como si el detergente lo regalaran.

—¡Tú si eres *bultero*! (expresión que significa: *¡Tú si eres mentiroso!*) —dice la esposa—. No le crea señor Ricardo, yo tengo un potecito para echar el detergente y solo gasto lo necesario para que la ropa quede bien limpia.

En ese momento la lavadora empieza a hacer los movimientos del lavado, y la discusión se detiene. La esposa mira su lavadora con una sonrisa.

—¡Usted es un *balbaro*! (lo que quiere decir que es muy bueno en lo que hace) —le dice la esposa a Ricardo—. Yo sabía que usted sí me iba a arreglar (reparar) mi lavadora.

—Tuvimos suerte de que sólo era esa manguera —dice Ricardo—, ahora cualquier repuesto vale un montón de pesos (la moneda de la República Dominicana es el peso dominicano).

—Señor Ricardo, *póngase cloro* (expresión que significa *hable con claridad*) —dice la esposa—. ¿Cuánto dinero me va a costar eso? Mire que *yo no tengo todo el dinero más que veinte pesos* (expresión que significa *yo no soy rica, millonaria*).

Ricardo le dijo el precio de la reparación y la esposa dijo:

—*Ta to* (que significa *está bien*), yo necesito mi lavadora funcionando. Además, me la arregló rápido.

—El esposo sacó el dinero, le pagó a Ricardo y se fueron con su lavadora reparada. Mientras caminaban, los esposos iban discutiendo sobre la cantidad de detergente que ella debía usar para lavar la ropa.

Mientras tanto, Ricardo veía a la pareja alejarse con una sonrisa en su rostro y decía: —Otro problema solucionado, otra familia feliz.

Preguntas

1. ¿Cuál es el nombre del taller
   de reparación de lavadoras y secadoras?

2. Según Ricardo, ¿cuál es su trabajo?

3. ¿Cómo se llama el parentesco que se forma
   cuando una persona sirve de testigo del
   bautismo religioso del hijo de alguien?

4. ¿Fue lógica la discusión de los esposos en
   cuanto a la causa del daño de la lavadora?

5. ¿Por qué dice el señor Ricardo la frase "otro
   problema solucionado, otra familia feliz" al final
   del cuento?

Cuento 4: La carpintería de Lima, Perú

Cerca de la Avenida Ricardo Palma, en el céntrico barrio de Miraflores, está la carpintería que ha sido propiedad de la familia de Francisco por tres generaciones.

Desde joven, Francisco ha trabajado muy duro para hacer buenos muebles de calidad. Es muy conocido en Lima por hacer muebles que duran para siempre. Pero ahora Francisco tiene sesenta años, y se ha dado cuenta que las cosas están cambiando.

Han inventado nuevos materiales, más livianos y más baratos, pero de calidad inferior. Estos materiales que vienen en láminas prefabricadas parecen madera, pero en realidad están hechos con desechos de madera comprimidos. Francisco le tiene un odio especial a un material que en el Perú llaman *melamina*.

El odio del viejo carpintero se debe a que la melamina parece madera, pesa la mitad de lo que pesa la madera. Además, cuesta menos de la mitad del dinero que cuesta la madera. Pero la melamina debe permanecer seca, pues si se humedece, comenzará a inflarse y el mueble se dañará.

Para colmo de males, hay personas que no conocen la diferencia entre un material de buena calidad como la madera y los materiales baratos que parecen madera. Así que, en ocasiones han acusado a Francisco de aprovecharse de cobrar precios demasiado elevados por los mismos muebles que se pueden comprar más baratos en otros negocios.

Francisco siente que debe permanecer fiel a la madera, no quiere fabricar muebles de mala calidad, pero la verdad es que cada vez vende menos. ¿Qué puede hacer?

Los dos hijos mayores de Francisco trabajan con él en el negocio. El mayor, Juan, tiene treinta y cinco años, y el otro, Rogelio, tiene veintisiete años. Durante la hora del almuerzo, los dos están comiendo en una *Picantería*, un pequeño establecimiento donde sirven *chifa* (comida china adaptada al gusto peruano) y otros tipos de comidas; mientras los dos hermanos comen, conversan:

—¿Se ha vendido algo hoy? —pregunta Juan.

—*Ni michi* (expresión peruana que significa *nada*) —responde Rogelio.

—Este mes se ha vendido muy poco —dice Juan.

—Sí seguimos así, nos vamos a quedar sin *chamba* (expresión que en la región significa *trabajo*) —dice Rogelio.

—*Me tinca que* si no hacemos algo rápido, el negocio no va a sobrevivir este año (en el Perú, esto significa *me parece que*).

Un rato más tarde Juan y Rogelio llegan al trabajo. En ese momento, su padre, Francisco, está recibiendo un informe con las cuentas del negocio del mes pasado.

—*¡Asu mare!* (es una expresión peruana de sorpresa) —exclama Francisco—. *¡Este mes pasamos piola!* (Una expresión que en el Perú significa que aprobamos por muy poco, que faltó muy poco para perder.)

—Papá, tenemos que hacer algo —dice Juan—, nos estamos hundiendo poco a poco.

—Es verdad papá —dice Rogelio—, los muebles que fabricamos sólo los compran los *pitucos* (expresión que se usa en esta región de Latinoamérica para referirse a las personas adineradas, o los que presumen de su dinero).

—Papá, tenemos que hacer muebles más baratos —dice Juan.

—Ya se los he dicho —dice Francisco—, no voy a trabajar con ese material que es basura de madera comprimida con *cola* (pegamento).

—Papá, el mundo está cambiando —dice Rogelio—, las cosas van modernizándose, si no quieres cambiar, *ya fuiste* (expresión peruana que significa *ya perdiste*).

—Ya se los he dicho —dice Francisco—, no voy a trabajar con esa basura.

—¡Qué terco eres *a la firme*! (expresión que en el Perú sirve para confirmar una expresión, para darle más peso) —dice Juan—. Los que trabajan con melamina están ganado muchas *lucas* y nosotros vamos a la quiebra. (*Lucas* se usa en esta región de Latinoamérica para referirse a una cantidad específica de dinero, en el Perú se refiere al nuevo sol, la moneda del país.)

—¿Y si hacemos una prueba en otro local? —propone Rogelio—. Un lugar que no tenga nada que ver con esta carpintería, sólo para probar a ver cómo nos va.

Todos se quedaron en silencio por un momento y el padre les dijo:

—Déjenme pensarlo, mañana les diré lo que haremos.

Francisco, el viejo y experimentado carpintero, sabía que debía fabricar muebles más baratos, pero no quería comprometer la reputación de su carpintería. Así que la idea de vender los muebles en otro local le pareció interesante, como para pensarlo bien.

Al día siguiente, Francisco les informó a sus hijos que había decidido permitirles fabricar muebles baratos en otro local. Así que los dos jóvenes carpinteros pusieron manos a la obra: Alquilaron un local que no estuviese ni tan lejos ni tan cerca de la carpintería de su padre, llevaron algunas maquinarias y se llevaron a algunos trabajadores de la carpintería de su padre.

Estando ya casi instalados en el nuevo local, Juan le dijo a Rogelio:

—*Hazme el gancho* (expresión peruana que significa *hazme el favor*), llama a Claudio, el vendedor de melamina y convéncelo para que nos visite mañana.

—*¡Al toque no más!* (expresión de esta región de Latinoamérica que significa *ahora mismo, inmediatamente*)

Rogelio toma el teléfono y llama:

—Buenas tardes —contesta una voz masculina—, ¿en qué podemos servirle?

—Hola Claudio, soy Rogelio Henríquez, de la carpintería de Miraflores.

—¡Hola Rogelio! —dice Claudio— *¡Habla, pe, causa!* (En peruano, esto significa *¡Habla pues, amigo!* Es como preguntar cómo están las cosas.)

—Todo bien, mi papá decidió montar otra carpintería solo para fabricar muebles de melamina, y quisiéramos que vinieras mañana para comprarte el material.

—*¡Pucha!* (otra expresión peruana que indica sorpresa) —dice Claudio—. ¿Cómo hicieron para convencer al viejo Francisco? La última vez casi me sacó a patadas de su oficina y me dijo que ese material era basura de madera comprimida con *cola* (pegamento).

—*Échale tierrita a eso* (expresión que en la región significa *olvídate de eso*) —dijo Rogelio—, necesitamos ese material, queremos *hacer linda* con la melamina (expresión que en peruano significa *hacer algo bueno*) ¿Puedes venir mañana?

—¡Claro que sí! —dijo Claudio—. Mañana a primera hora estaré allá.

—*¡Bacán!* (que en el Perú significa *excelente*) —dijo Rogelio—, nos vemos mañana.

Cuando todo estuvo preparado y el material estaba ya en el taller. Juan y Rogelio reunieron a los trabajadores y les dijeron:

—*La nota es* (expresión que en el Perú significa *lo importante es)* hacer los mejores muebles utilizando la melamina, tenemos que hacernos una buena reputación. Ustedes son buenos trabajadores y conocen bien su trabajo, es verdad que este material no es como la madera, pero esto es el futuro. Así que tratemos de hacer lo mejor que podamos con lo que tenemos.

Con el tiempo, la familia Henríquez aprendió varias cosas:

La primera es que hay que adaptarse a los cambios del mercado, pues el nuevo negocio de muebles baratos prosperó. Lo segundo que aprendieron fue que algunas cosas nunca dejarán de existir, pues para casi todo hay mercado. Así que la vieja carpintería empezó a prosperar cuando el señor Francisco se dio cuenta que su mercado eran *los pitucos* (los millonarios), y empezó a fabricar muebles de lujo.

Preguntas

1. ¿Cómo se llama el barrio donde está la carpintería de Francisco?

2. ¿De qué está hecha la melamina?

3. ¿Qué edad tienen los hijos del señor Francisco?

4. ¿Fue difícil para Juan y Rogelio cambiar el concepto del negocio familiar?

5. La frase dicha por los hermanos a los trabajadores "Tratemos de hacer lo mejor que podamos con lo que tenemos", ¿aportó buenos resultados?

Cuento 5: Una chica que no parece de Panamá

Ramón llega a su departamento con su novia Patricia. Mientras venían en su *carro* (automóvil), Ramón estaba muy callado, así que Patricia intuye que algo malo sucede:

—¿Me vas a decir qué es lo que sucede? —pregunta Patricia.

—Sí, la verdad… —dice Ramón un poco triste—, tengo que darte una muy mala noticia.

Patricia se voltea para ver a Ramón a los ojos y piensa: "¿Será que va a terminar conmigo? ¡Dios mío! ¿Y ahora quién pagará mi universidad?" Patricia, con un poco de temor, le dice a Ramón:

—Cuéntame… *¿Qué xopá?* (¿Qué pasa?)

—El jefe de mi departamento, nos reunió a todos los empleados de la sección de nuevos proyectos —dice Ramón— y nos explicó de la situación de la empresa. Es verdad que las cosas no han estado del todo bien, pero el jefe nos sorprendió con la noticia de que la junta directiva había decidido despedirnos a todos para recortar gastos.

—¡Ah! —dice patricia sorprendida, quedando con la boca abierta.

—Sí —dice Ramón con tristeza—, todos nos quedamos sin trabajo. No es justo, nosotros nos esforzábamos por hacer un buen trabajo.

— ¡Te despidieron! —dice Patricia muy molesta.

—Pues sí —dice Ramón.

—¡Es tu culpa, yo te lo dije! —afirma Patricia levantando la voz.

—¿Qué? ¿Tú me lo dijiste? —pregunta Ramón sorprendido, pues honestamente no recuerda que Patricia le haya dicho tal cosa.

—¡Claro que sí! Te dije que tenías que cuidar tu trabajo —dice Patricia—, todas las empresas están haciendo recortes de personal.

—Ah, ¿sí? —pregunta Ramón—, pues no he escuchado sobre recortes en otras empresas de Panamá.

—¡Claro que sí! —Afirma Patricia— Es tú culpa.

—¿Cómo vas a decir eso? No fue mi culpa —objeta Ramón—, Rogelio nos dijo que habíamos hecho un gran trabajo, que nos darían buenas recomendaciones. Pero que fue la directiva la que decidió recortar gastos.

—¡Claro! Tú nunca tienes la culpa —dice Patricia—, el mundo se está cayendo a tu alrededor, pero seguramente la culpa es mía.

—Patricia, nadie está diciendo que sea tu culpa —dice Ramón extrañado de ver la reacción exagerada de Patricia.

—¡Me voy! —dice Patricia—. Yo no ando con perdedores. Necesito un novio que tenga un buen trabajo, no un perdedor como tú.

—Pero Patricia —dice Ramón sorprendido— ¿de verdad te irás?

—¡Claro que me iré! —sentencia Patricia—. Voy a buscarme un novio que trabaje.

Ramón está tan sorprendido que sólo alcanza a decir:

—Pero Patricia… *mi chichi linda* (expresión cariñosa en Panamá).

—No me digas *mi chichi* nunca más, perdedor.

Patricia toma su cartera del sofá y al salir, cierra la puerta con fuerza.

Ramón queda en shock, nunca pensó que algo así podría sucederle. Ha perdido su trabajo y a su novia el mismo día, esto es un golpe muy duro para él. Las duras palabras de Patricia le han convencido de que en realidad es un perdedor.

Patricia va caminando pensativa, en realidad está muy preocupada. Mientras camina, habla consigo misma en voz baja:

—*¡Qué ponchera!* (expresión usada en Panamá para referirse a un problema inesperado) ¿Y ahora qué vas a hacer Patricia? Ramón ya no puede pagarte la universidad, y con tu trabajo no puedes pagarla.

—*Chilin Patricia* (tranquila Patricia), algo se te tiene que ocurrir —se responde a sí misma—, tengo que hallar la forma de pagar la universidad, necesito ese *chen chen* (dinero).

—¿Y la cuenta de las tarjetas de crédito?

—¡Oh, no! Es verdad —se responde Patricia a sí misma—. ¡Qué tonta soy! Debí haber comprado esas cosas con la tarjeta de Ramón, ¿por qué no se me ocurrió? Ahora también estoy endeudada. Voy a tener que encontrar un *camarón* (trabajo extra) mientras encuentro un novio nuevo.

Mientras Patricia camina y piensa en su situación, suena su teléfono celular. Ella ve la pantalla, y al notar que es Ramón el que llama, decide no contestar.

—¿Cómo voy a volver con él? —se dice Patricia a sí misma—, él es una buena persona, pero con eso no se pagan las tarjetas ni la universidad.

Entonces, Patricia decide escribirle un mensaje a Ramón que dice: "No me llames más, ya hemos terminado, no quiero saber más de ti. Eres un perdedor."

Después de enviar el mensaje, Patricia se va al Soho Mall, un centro comercial lujoso de Panamá, y allí se encuentra con dos de sus amigas: Ana y Rosa.

—¡Hola chicas! —saluda Patricia— ¿A dónde van?

—Vamos a tomar café —dice Rosa—, ¿quieres acompañarnos?

Las tres chicas se sientan en *una mesita* (una mesa) de uno de los cafés del centro comercial.

—¿Cómo está Ramón? —pregunta Ana.

—No sé, ni quiero saber —responde Patricia—, acabo de terminar con él.

—*¿Qué xopá?* (¿Qué pasó?) ¿Qué te hizo amiga? —pregunta Rosa sorprendida.

—Nada, que se quedó sin trabajo —responde Patricia.

—Dinos la verdad amiga —dice Ana—, ¿acaso le descubriste otra novia?

—No, es que Ramón ya no me sirve —dice Patricia—, se acaba de quedar sin empleo, y yo necesito a un novio que me ayude, no que sea una carga. Y sin trabajo él no me ayuda para nada.

Sus dos amigas se miran a las caras, casi no pueden creer lo que están escuchando.

—¿De verdad dejaste a Ramón sólo porque se quedó desempleado? ¿Estás segura de que él no te ha hecho nada malo? —pregunta Rosa para corroborar si de verdad Patricia es lo que parece.

—Sí, lo dejé porque ya no me sirve —dice Patricia sin que parezca importarle lo que sus amigas puedan pensar—. Yo no voy a *hueviar* (perder el tiempo) con él. Ustedes deben aprender que, si van a tener a un hombre a su lado, tiene que ser un hombre que les sirva. Si no les sirve deben botarlo, no deben hacer el papel de tontas y andar con un hombre que está *en tuco* (expresión que en Panamá significa *quebrado*), ni mucho menos tener que mantenerlo.

Esa noche, Ramón se va al bar al que siempre iba con Patricia, en la calle llamada Vía Argentina. El bar es agradable, no hay muchas personas ese día y un músico solitario toca un saxofón para poner el ambiente musical.

En el bar, Ramón ve a uno de sus amigos y se acerca a saludarlo:

—Hola Claudio —dice Ramón con voz triste.

—Hola Ramón —le saluda Claudio—, te ves un poco triste, ¿estás bien?

—No, no estoy bien —dice Ramón—, perdí mi empleo y Patricia terminó conmigo.

—*¡Ayala vida!* (expresión de sorpresa) ¡Qué pena! —dice Claudio—. *¿Qué xopá fren?* (¿Qué pasó amigo?) ¿Tuviste un *grubeo*? (una relación de una sola noche)

—No, tú sabes que no soy capaz de traicionar a Patricia —dice Ramón—, pero Patricia tiene razón, yo sólo soy un perdedor.

—¡Oh, no! —dice Claudio—. Espera un momento.

Claudio le pide al barman dos tragos, y continúa hablando con Ramón.

—Escucha Ramón —dice Claudio—, supongamos que Patricia tiene razón y en verdad eres un perdedor. Si es así, entonces depende de ti si vas a seguir siendo un perdedor. Solamente tú puedes decidir ser un ganador. A partir de hoy, debes *ir al choque* (enfrentar la adversidad).

—Tienes razón amigo —dice Ramón—, yo puedo cambiar mi vida, yo puedo ser un ganador. Y cuando sea un ganador, podré recuperar a mi Patricia.

Claudio disimula la risa que esto le produce, él conoce a Patricia desde hace años, y sabe que ella usa a los hombres para mantener su vida de *yeyé* (de estatus elevado); pero también sabe que hay hombres a los que les encantan las mujeres así.

Preguntas

1. ¿Cuál es el nombre de la novia de Ramón?

2. ¿Cómo se llama el lugar donde Patricia encontró a sus dos amigas?

3. ¿A dónde se fue Ramón la noche que terminó con Patricia?

4. ¿Fue buena decisión de Patricia abandonar a Ramón por un interés económico?

5. ¿Claudio le brindó un buen consejo a su amigo Ramón?

Cuento 6: El Hacker mexicano

A simple vista Enrique parece un chico normal de veinte años que estudia en la universidad y que es aficionado a las computadoras. Pero la *neta* (verdad) es que Enrique es un poderoso hacker. En ese mundo, el joven Enrique es conocido con el nickname "Mex77".

Cuando llega a su casa, lo primero que hace es encender su computadora y conectarse a un canal de chat de tecnología que usan los hackers de forma furtiva para comunicarse. Después de un rato chateando, le llega un mensaje de un hacker desconocido que se identifica con el nickname "Carol-19".

—¿Quieres ganarte dos mil dólares? —escribe Carol-19.

—¿A quién hay que matar? —pregunta Enrique.

—Al mayordomo de una mansión —responde Carol-19.

Enrique entiende que *el mayordomo*, se refiere a un servidor de computadoras, y si se trata de *una mansión*, quiere decir que hay que poner fuera de combate al servidor de la red de computadoras de una compañía muy grande. Pero a Enrique no le llama la atención la piratería, ni hacer daño a las personas. Él es un hacker por diversión, además que la propuesta podría ser una trampa.

—No me gustan esos trabajos —escribe Enrique—, no soy un pirata.

—No es para hacer daño —escribe el extraño hacker—. Es para hacer el bien, pero te contactaré de nuevo mañana, cuando vuelva a ser seguro. *Ahí nos vidrios* (expresión mexicana que significa *nos vemos despúes*). Y Carol-19 cierra la comunicación.

Enrique está intrigado, pero no piensa en el asunto hasta el día siguiente.

Ahora, Enrique trabaja para infiltrarse en la computadora de una *chava* (joven) llamada Lorena, ella también es de la comunidad de los hackers, así que tiene muchos sistemas de seguridad en su computadora para que no la hackeen; pero precisamente por esa razón Enrique quiere hackearla. Además, a él le gusta ella.

Hace días que Enrique ha tratado de infiltrarse en la computadora de Lorena, y como todos los hackers, él es muy persistente.

Hoy tiene suerte, Lorena está conectada a las redes sociales, parece que por fin va a lograrlo.

Rápidamente descubre los primeros códigos de seguridad, luego entra al servidor de la red local, luego a la casa de Lorena y a su computadora. Enrique se levanta de su silla y comienza a hacer gestos de celebración cuando logra ver en su pantalla la conversación de chat de Lorena con su amiga Carla.

—¿Tienes planes para el fin de semana? —pregunta Carla.

—No, la *mera* verdad, no (*mera* es una forma de reafirmar lo que se dice) —escribe Lorena—, mi hermana quiere que la acompañe a comprarse un vestido el sábado por la mañana, pero nada más.

—¿Y Mauricio? —pregunta Carla.

—No, ya no estoy con Mauricio —escribe Lorena—, le descubrí unos mensajes en los que estaba enamorando a otra *chava* (chica).

—¿En su teléfono? —pregunta Carla.

—No, en una sesión que abrió con otro nombre en una red social, él creía que no lo descubriría —escribe Lorena.

—Nadie se salva de la chica de las computadoras, ja, ja, ja —escribe Carla.

—Ja, ja, ja, ¿y tú qué harás en el fin de semana? —pregunta Lorena.

—Voy a salir con Tomás, me invitó el sábado por la noche a comer en un restaurante —escribe Carla.

—¡Oh, oh! —escribe Lorena—. Parece que va a haber acción este fin de semana.

—Ja, ja, ja, puede que sí —escribe Carla.

—¡Espera un momento! —escribe Lorena—. Alguien me está hackeando la computadora, te escribo ahora.

En su casa, Enrique da un salto y desconecta el cable de servicio de internet a su computadora. Luego suspira, casi lo atrapan.

Al día siguiente, mientras Enrique chatea con sus amigos, recibe otro mensaje del usuario llamado Carol-19.

—*¡Qué onda!* (saludo informal mexicano) ¿Estás listo para el trabajo?

—Muy bien, dime de qué se trata el trabajo —escribe Enrique.

—De algo que sólo tú puedes hacer bien —escribe Carol-19.

—¿Cómo sé que es un asunto seguro? —pregunta Enrique.

—Para nosotros no hay nada seguro, y lo sabes —escribe Carol-19—, por eso este trabajo nos encanta.

—Está bien —escribe Enrique—, pero si sospecho de algo, me saldré sin dar explicaciones.

—*A wiwis* (expresión que se usa para confirmar) —escribe Carol-19—. Te veo en dos minutos en el Cibercafé de la esquina de tu casa. Cuando llegues ahí, entra, toma una computadora y no la uses, sólo espera. El tiempo corre, así que *a darle que es mole de olla* (expresión que significa *apresúrate*).

Enrique se sale del chat, deja su computadora encendida y sale corriendo al Cibercafé que está cerca de su casa. Entra y pide una computadora, no la usa y espera, pero nadie se acerca. Enrique mira en todas direcciones, pero nadie se acerca.

Después de un rato vuelve a su casa pensando: "Pinche Carol-19 es un *canijo*" (esto en México significa Carol-19 es *despreciable, es una mala persona*). "*Me hizo de chivo los tamales*" —dice Enrique (expresión que significa *me engañó*).

Pero en cuanto se sienta en su computadora, ve que le han añadido un archivo. En realidad, Carol-19 quería alejarlo de su computadora para poder hackearla y mandarle la información.

Enrique está molesto por el engaño, pero también está curioso por saber de qué se trata el archivo que le enviaron.

Primero, lo revisa para asegurarse de que no contenga ningún virus y después lo abre con un poco de temor. El archivo dice:

"Discúlpame por el engaño, pero era la única forma de enviarte esta información de forma segura. No te mentiré, el trabajo es peligroso, por eso queremos tomar todas las precauciones posibles. Te anexo los códigos de los pasajes de avión para que te vayas a Cancún este fin de semana. Allí te quedarás en el hotel Ritz-Carlton, donde habrá una habitación reservada y pagada para ti por tres días. No lleves tu laptop, habrá una laptop para ti en la habitación, lleva los programas que necesites en una memoria, no dejes ningún rastro."

Enrique, sorprendido, dice: "Esto es en serio". Y sigue leyendo:

"Ya hemos transferido los dos mil dólares a tu cuenta, si terminas el trabajo, habrá ocho mil dólares más para ti. Necesitamos que instales un virus especial en una página que usa un grupo terrorista. El virus estará en la computadora que encontrarás en el hotel. No es necesario que te diga lo peligroso que es que comentes esto con alguien más. Que tengas mucha suerte."

Enrique no lo puede creer, llama para comprobar los pasajes y la reservación, sí todo está pagado. Y cuando revisa su banco por internet, le han transferido los dos mil dólares. En ese momento, empieza a sentirse nervioso.

Sin poder decirle a nadie, Enrique toma el avión de Ciudad de México a Cancún, y se registra en el lujoso hotel cinco estrellas. Cuando entra a la habitación, ve que hay una laptop sobre la mesita.

Enrique no soporta la curiosidad, así que inmediatamente la abre y la enciende, encontrándose con las instrucciones para entrar en la página que usa un peligroso cartel de drogas de México.

¡A la bestia! (frase de sorpresa) —dice Enrique al ver que se trata de un cartel de drogas—. Bueno, este es el trabajo.

Enrique conecta la pequeña memoria y descarga sus programas de hackeo, entra a la página, descifra los códigos de seguridad, e instala el virus. Toda la operación le toma cerca de tres horas.

¡Qué chido! (¡Qué bueno!) —se dice a sí mismo—. Listo, fue más fácil de lo que pensé, ¿por qué pagarán tanto por un trabajo que podía haber hecho desde cualquier lugar?

Ahora Enrique se queda pensativo por un momento y dice: "¡Oh, no! No era de cualquier lugar, ¡tengo que salir de aquí!"

Enrique corre a asomarse por la ventana de su habitación, desde allí puede ver llegar unos veinte vehículos de los que se bajan hombres uniformados de negro, armados como si de un ejército se tratase y que empiezan a entrar al hotel.

¡Ay güey! (expresión de sorpresa) —dice Enrique y corre a limpiar sus huellas dactilares de la computadora y la pone sobre la mesa, sale de la habitación y toma el ascensor que usan los empleados del hotel.

Llega al área de la cocina, Enrique encuentra la salida trasera, en donde está un camión de basura a punto de salir. No le queda más remedio a Enrique que meterse entre la basura y enterrarse entre los restos de comida para no ser visto.

El camión sale, los hombres armados que vigilan en la puerta revisan la identificación del conductor y del ayudante. Luego ven por encima el contenido del camión sin ver a Enrique, así que los dejan llevarse la basura y a Enrique entre ella.

En su casa en ciudad de México, Enrique recibe un mensaje de Carol-19:

"Haz hecho un gran trabajo, revisaron a todos los huéspedes y no te encontraron. Cambiamos tu nombre en el sistema de reservaciones y borramos los videos de vigilancia para que no te rastrearan. ¿Quieres saber cómo supe que eras el hacker indicado para este trabajo? Lo supe cuando hackeaste mi computadora mientras hablaba con mi amiga Carla. Nos vemos mañana, me muero por saber *cómo le hiciste para que no te cayera el chauízcle* (expresión mexicana que significa *cómo hiciste para que no te atraparan*)."

Preguntas

1. ¿Cuánto dinero le ofrece Carol-19 a Enrique por el trabajo de hacker?

2. ¿Cuál es el nombre de la chica que le gusta a Enrique?

3. ¿Con quién irá Carla al restaurante?

4. ¿Valió la pena que Enrique arriesgara su vida por dinero?

5. ¿Las habilidades tecnológicas de Enrique se pueden utilizar en empleos más seguros?

Cuento 7: El mendigo del centro en Bogotá, Colombia

En Bogotá, la capital de Colombia vive un hombre mayor llamado José Manuel Carranza. Desde hace algunos años tiene una barba blanca que él mismo se recorta de vez en cuando; teniendo cuidado de cortarla mal, a propósito, para parecer más *desgualetado*, que es como llaman en Bogotá a las personas que son descuidadas con su apariencia.

Tiene unos pantalones viejos, una camisa manchada y un abrigo roto que usa como uniforme de trabajo, y no pueden faltar sus *chagualos*, es decir, sus *zapatos viejos*.

Su oficio es ser un mendigo, pero el señor Carranza en realidad no necesita pedir. Él vive en una buena casa en un barrio de Bogotá llamado "Usaquén", tiene algo de dinero guardado y tres apartamentos alquilados que le proporcionan una entrada mensual con la que cubre todos sus gastos y además le queda algo de dinero.

Entonces, ¿por qué trabaja como mendigo?

La esposa del señor Carranza es *Doña* María Eugenia (en Colombia, a las mujeres casadas suele llamárseles *Doña*). Una mañana, mientras José Manuel se toma un *tinto*, que es un café negro, y su esposa se toma un *perico*, que es un café con un poquito de leche; ella le dice:

—¿Hasta cuándo va a estar usted pidiendo *plata* (dinero) en el centro?

—Usted sabe bien por qué lo hago —contesta José Manuel.

—¿Usted cree que va a ir al cielo si pide plata? —pregunta Doña María Eugenia, con frustración.

—Hace tiempo que perdí mi entrada para ir al cielo —le contesta José Manuel.

—¿Entonces? —dice Doña María Eugenia— ¿Por qué sigue creyendo que su plata es distinta de la plata de la gente? ¡Es la misma plata!

—No es la misma plata —dice José Manuel—, ya se lo he explicado muchas veces. Mi plata me la gané haciéndole daño a otras personas y está manchada con sangre; por esa plata pasé muchos años en la *guandoca* (que es como llaman a la cárcel). Pero la plata que pido en el centro me la gano honradamente, sin hacerle daño a nadie; por eso puedo ayudar a esos niños.

José Manuel, cuando era joven, era un traficante de armas. Había ganado mucho dinero con la guerra. Había estado más de diez años en prisión por venderle armas a delincuentes.

Sin embargo, desde hace algunos años, José Manuel estaba ayudando con dinero a un orfanato de la ciudad; pero estaba convencido de que no debía darles de su dinero, pues para él era dinero sucio; así que la forma que se le ocurrió para ganar *dinero limpio* para el orfanato fue *hacerse el mendigo*, es decir, pretender que era un mendigo y pedir plata en el centro de la ciudad.

Todos los días, Doña María lo lleva en su carro último modelo hasta la parada del Transmilenio, que es el sistema de transporte de autobuses de Bogotá; de allí José Manuel va hasta el centro y llega al barrio "La Candelaria". Después llega hasta la calle 11, donde está la Catedral Primada; una importante iglesia de la ciudad.

Del lado norte de esa iglesia hay un restaurante llamado "La Puerta Falsa", que es el más viejo de Bogotá. Fue fundado en 1816, es decir catorce años antes de la muerte de Simón Bolívar. De hecho, se dice que Manuelita Sáenz, la mujer del Libertador, siempre iba a ese lugar a comprar dulces para compartirlos con el General Bolívar.

José Manuel se sienta cerca de la puerta del restaurante, al lado de una de las ventanas, debajo del balcón del centro, el balcón más grande, por si acaso llovizna o hace algo de sol al mediodía.

La gente del centro ya lo conocen, incluso pasan saludándole:

—¡Buenos días, señor José! —dice una señora que pasa caminando.

—¡*Quiubo!* Buenos días —responde José Manuel. (*Quiubo* es una forma común de saludar en la ciudad, es la contracción de *Qué hubo,* lo que es similar a preguntar *¿Cómo está?*).

Pero lo que más le gusta a José Manuel, es cuando algún niño sale del restaurante y en vez de darle dinero, le regala un delicioso panecillo colombiano que llaman: *Almojábana.* Cuando esto pasa, el viejo mendigo bendice al niño con sincera emoción, diciendo una especie de verso:

"Una almojábana para un mendigo,
¡qué buena suerte!
Hijo de Colombia, yo te bendigo;

que crezcas mucho y seas muy fuerte,
que tengas muy buenos amigos,
y que Dios me dé la suerte, de verte,
hecho un hombre de bien, y a tus padres orgullosos contigo."

Claro que a los padres les encanta que el viejo mendigo les bendiga a sus hijos, así que muchos le compran una bendición por una almojábana y se van felices.

Cuando José Manuel termina su jornada como mendigo, como a las dos de la tarde, se va con una bolsa de papel llena de almojábanas y una buena cantidad de pesos colombianos (la moneda del país).

Al llegar a cierto lugar poco transitado, su esposa ya lo está esperando en su *carro* (automóvil) último modelo, y José Manuel se sube a este para regresar a casa.

En seguida la esposa siente el exquisito olor de las almojábanas, todos los días pasa lo mismo:

—José Manuel… —dice Doña María Eugenia, hace una pausa.

—*Sumercé*, ¿se le ofrece algo? —dice José Manuel sabiendo por donde viene María Eugenia (*sumercé* es una expresión de respeto).

—Una solita José Manuel —dice María Eugenia refiriéndose a las almojábanas.

—No, no te voy a dar almojábana —le dice José Manuel con seriedad.

—Pero es que huelen muy *rico* (bien) —dice María Eugenia.

—Esto es para los *chinos* (niños) y usted lo sabe —dice José Manuel.

—Una solita José Manuel —le dice la esposa—, ¿es que no me merezco una solita almojábana?

—Pero una solita—dice José Manuel y abre la bolsa para que ella la tome con sus propias manos.

Doña María Eugenia toma una almojábana y disminuye la velocidad del *carro* hasta que se detiene, entonces la muerde cerrando sus ojos y saboreándola con mucho placer. José Manuel la mira con una sonrisa, él no toma ninguna almojábana, aunque le gustan mucho.

Cuando llegan a su casa, José Manuel se quita su "uniforme" de mendigo y se viste con ropa decente, Ahora los dos van al orfanato a llevar las almojábanas y el dinero.

José Manuel llega manejando su *camioneta* (un rústico 4x4). Él y Doña María Eugenia se bajan frente a una casa en uno de los barrios pobres de la ciudad. Tocan la puerta de madera, una señora sonriente les abre la puerta y les dice:

—¡Hola! ¿Cómo están hoy?

—Muy bien Doña Carmen —dice José Manuel.

—¿Cómo está Doña María Eugenia? —pregunta Doña Carmen con una sonrisa.

—Muy bien, gracias —responde María Eugenia—, ansiosa por ver a los pequeños.

Entonces entran a una sala grande, unos diez niños dejan de escuchar a su maestra y corren a abrazar a José Manuel y a María Eugenia. Los niños se ven felices de verlos, pero José Manuel y María Eugenia se ven más felices que los niños.

Ahora José Manuel toma la bolsa de almojábanas y dice:

—¿Quién va a repartir hoy?

—¡Yo! —grita una niña de siete años levantando su mano.

—Ya sabes que hacer, ¿verdad? —le pregunta José Manuel mientras le da la bolsa de papel con las almojábanas.

—Sí —dice la niña.

Con la bolsa de almojábanas la niña se acerca primero a Doña Carmen, que toma una dándole las gracias, después le da una a su maestra, luego a Doña María Eugenia, después a José Manuel y por último reparte una para cada niño; hasta que quedan dos en la bolsa y le da la bolsa a Doña Carmen.

Después de comer sus almojábanas, José Manuel y Doña María Eugenia les dan una hora de clases de inglés a los niños, casi siempre con canciones. Luego se despiden, le dejan el dinero a Doña Carmen y se van a su casa.

Durante la cena, en la casa de José Manuel, María Eugenia le dice:

—Tengo una pregunta que hacerle.

—Píntemela a ver y yo le digo cuantos pares son tres moscas —dice José Manuel (esta es una frase sin sentido que se usa en Colombia para invitar a alguien a preguntar).

—¿Usted que va a hacer cuando lo descubran? —pregunta María Eugenia.

—Cuando me descubran me reiré y diré: Se tardaron mucho en descubrirme —dice José Manuel riendo.

—¿Y qué va a hacer? —pregunta María Eugenia.

José Manuel la mira a los ojos y le dice:

—Encontraré otra forma de ganar dinero limpio para los niños. No me rendiré mientras tenga vida y pueda ayudar.

1. ¿Cuál es el nombre del protagonista del cuento?

2. ¿Cómo se llama el barrio donde vive el señor Carranza?

3. ¿A qué se dedicaba el señor Carranza cuando era joven?

4. ¿El señor Carranza podría seguir colaborando con los niños de otra manera?

5. ¿Es lógico que una persona se haga pasar por mendigo para después ayudar a los necesitados?

Cuento 8: El paciente argentino

En casi todos los países de Latinoamérica las personas evitan ir a una consulta con un psicólogo. Por alguna razón, la mayoría de los latinos creen que no lo necesitan; pero en Argentina no es así, la mayoría de los argentinos van al psicólogo como quién va a cualquier otro médico. Pero no siempre están de acuerdo con el diagnóstico del psicólogo:

Cristian, un joven *porteño* de veinticinco años (*porteño* significa que es de la ciudad de Buenos Aires, la capital del país) vive en un barrio llamado "Recoleta", y hoy fue a ver a su psicólogo.

Cristian está recostado sobre el diván, respondiendo a todas las preguntas del psicólogo y hablándole sobre sus asuntos personales. Una hora después el especialista da por terminada la sesión.

—Ahora sí, dígame doctor, ¿qué es lo que tengo? —pregunta Cristian.

—El asunto es que *vos tenés* problemas de autoestima —le dijo el psicólogo a Cristian—. La próxima semana empezaremos con las terapias para mejorar eso. (Los argentinos usan *vos* en vez de *tú* y *tenés* es la forma de decir en la región *tienes*.)

—Está bien doctor —dijo Cristian un poco decepcionado—, nos vemos la próxima semana.

Cristian se fue un poco molesto. Él esperaba un diagnóstico más importante; para él, el asunto de la autoestima no es algo que valga la pena tratar. Además, él cree que no tiene ningún problema con su autoestima.

El joven porteño iba cabizbajo caminando hacia su casa, cuando se encontró con Fernando, su amigo de la infancia.

—¡Hola Cristian! —dice Fernando—. Te ves triste, *vení, haceme una gauchada, tomate una birra conmigo* (esto significa *ven, hazme un favor, tómate una cerveza conmigo*).

—Está bien —dijo Cristian un poco triste.

—¿De dónde *venís*? le pregunta Fernando (*venís*, es la forma en que en la región dicen *vienes*).

—De una cita con el psicólogo —dice Cristian—, pero no voy a volver a ese especialista.

—¿Te trató tan mal? —pregunta Fernando.

—No, lo que sucede es que a ese psicólogo *le faltan un par de jugadores* (expresión argentina que significa que está loco).

—¿Por qué lo *decís*? —pregunta Cristian (los argentinos dicen *decís*, en vez de *dices*).

—¡*Ché!* (¡Amigo!) ¡Creo que a ese psicólogo *no le llega el agua al tanque*! —le dice Cristian a su amigo Fernando—. ¿A quién se le ocurre que yo pueda tener problemas de autoestima? Mi autoestima está bien, mi problema no es ese (la expresión: *no le llega el agua al tanque*, significa que no puede razonar bien).

—¿Y cuál *creés* vos que sea tu problema? —pregunta Fernando (*creés* se usa en la región en vez de *crees*).

—Mi problema es que todo lo que hago me sale mal, a mí las cosas no se me dan bien —dice Cristian.

—¿Por qué *decís* que todo te sale mal? —le pregunta Fernando.

—Porque a los demás todo les sale bien —contesta Cristian—. Por ejemplo, yo llevo mucho tiempo tratando de obtener un préstamo para montar mi propio negocio; pero ayer fui al banco, y aunque llevé todos los papeles, me lo negaron, ¿lo *podés* creer? *Me cortaron las piernas.*

(En Argentina, se dice *podés*, en vez de *puedes*. Y la expresión *me cortaron las piernas*, es muy importante en Argentina. Porque el 30 de junio de 1994, el máximo jugador de futbol argentino, Diego Armando Maradona, se retiraba del Mundial de Fútbol de Estados Unidos. El control antidopaje le había dado positivo. Era el fin de su carrera en la selección argentina. Fue en ese momento, que Maradona dijo la famosa frase: *Me cortaron las piernas*, y que los argentinos usan para expresar la frustración que sienten cuando piensan que se ha cometido una injusticia en su contra en algún aspecto de su vida.)

—Es injusto —sigue diciendo Cristian—, nada se me da como yo quiero. En cambio, mi hermano acaba de graduarse y ya le dieron su primer préstamo, ¿eso es normal?

—¿No será que *tenés* que esperar un poco? —pregunta Fernando.

—¡No! —dice Cristian y pregunta— ¿hace cuánto tiempo que vos montaste tu negocio?

—Hace cinco años —responde Fernando.

—¿Lo ves? Y ahora *sos Gardel* —dice Cristian (*sos,* se usa en Argentina en vez de *eres* y *sos Gardel,* significa que tienes éxito. Es una frase argentina que compara a la persona con Carlos Gardel, el legendario cantante de *tango,* un tipo de música muy popular en la Argentina y los países vecinos).

—Bueno, no fue fácil —dice Fernando—, fueron cinco años muy duros.

—Fernando, vos sos *copado,* me alegra que tengas tu negocio. Pero yo llevo años tratando de crear un negocio y no se me da. ¿Es solo cuestión de autoestima? Ese psicólogo no sabe de qué habla (*copado* en Argentina significa *buena persona*).

—¿Y qué *creés* que está pasando con vos? —pregunta Fernando.

—No lo sé. Eso era lo que yo quería que el psicólogo me dijera, pero me salió con esa tontería de la autoestima.

—*¡Ché!* Hablando de otra cosa —dice Fernando—, ¿*sabés* que murió el padre de Eduardo y Lucía? (*sabés,* es la forma argentina de decir *sabes*)

—No, no sabía que *su viejo* había muerto —dice Cristian (en Argentina, se dice: *mi viejo, tu vejo* o *su viejo* para referirse al padre).

—Sí, murió de cáncer —dice Fernando—, aunque se lo detectaron cuando apenas comenzaba.

—Pero, si se lo detectaron a tiempo, ¿por qué murió? —pregunta Cristian.

—Porque, aunque el viejo no sabía qué era lo que tenía —explica Fernando—, afirmaba que el especialista estaba equivocado, que él no tenía ningún cáncer, que él debía tener otra cosa.

—Me da mucha pena con Eduardo y Lucía —dice Cristian—, pero hay que ser un tonto para pensar así, si uno no sabe qué es lo que tiene, y un especialista dice algo, uno debería…

Cristian hace una pausa y se queda pensativo. Dándose cuenta de lo que está diciendo; se sonríe y dice:

—Yo estoy haciendo igual, ¿verdad?

—Sí, vos estás haciendo lo mismo —dice Fernando sonriendo.

—*Tenés* razón, yo no sé por qué las cosas me salen mal; tengo que darle una oportunidad a ese psicólogo, aunque yo crea que *le faltan dos jugadores* —dice Cristian.

Cristian empezó a ir una vez a la semana al psicólogo. En poco tiempo dejó de pensar que todo le salía mal, y empezó a darse cuenta que había muchas cosas en las que tenía éxito y que le hacían una persona especial. Con el tiempo fue progresando sin necesidad de seguir comparándose con las otras personas.

Un año después, Cristian había empezado su propio negocio y estaba muy feliz. Ahora era un hombre positivo, lleno de planes y con mucho entusiasmo.

Por casualidad, Eduardo y Lucía fueron al negocio de Cristian, y él recordó que nunca les dijo nada sobre la muerte de su padre.

—No sabía que *tu viejo* había muerto de cáncer —le dice Cristian a Lucía.

—¡No! Mi padre está vivo todavía, y está muy bien ¿quién te dijo eso? —pregunta Lucía.

Cristian se ríe y dice:

—¡Qué bueno que no es cierto! Me lo dijo un amigo que sabe *versear* (mentir), y al que aprecio mucho. Mañana *le pego un tubazo* (expresión que en Argentina significa *mañana lo llamo por teléfono*).

Preguntas

1. ¿Qué significa la expresión "porteño"?

2. ¿Cuál fue el problema de Cristian, según el psicólogo?

3. ¿Cómo se llama el amigo que aconsejó a Cristian?

4. ¿Fue efectiva la estrategia de Fernando en decirle a Cristian una mentira?

5. ¿Cuál fue la clave para que Cristian pudiese mejorar?

Cuento 9: La artesana de Guatemala

Daniela es una joven de veintiséis años que trabaja en la compañía de seguros más grande de la Ciudad de Guatemala, la capital de Guatemala. Todos los días debe revisar y aprobar o rechazar montañas de solicitudes que ponen en su escritorio cada mañana. Aunque ella no es feliz con ese trabajo, sigue en él, porque le pagan bien y el ambiente de trabajo es agradable.

Al final de su aburrido día laboral, Daniela regresa a su casa con sus altos tacones y su hermoso uniforme azul de falda y chaqueta.

Algunos días se va caminando hasta el Boulevard Juan Pablo II, para pasar por el mercado de artesanías "La Aurora" y ver la artesanía guatemalteca, herencia de la cultura Maya.

Hoy, al pasar por una tienda de artesanías, logra ver a unas mujeres mayores que, con sus manos expertas, hacen cosas muy hermosas en cerámica y las pintan a mano.

Daniela se detiene a verlas trabajar y siente envidia de ellas: porque, cuando era más joven y estudiaba, ella también hacía artesanías para pagar sus estudios; pero después de graduarse, había decidido encontrar un trabajo estable.

Mientras está de pie observando, nota que una de las mujeres mayores toma una brocha, la humedece en pintura blanca y dibuja algunos trazos sobre el jarrón con fondo de color azul. Justo cuando la experta artesana va a pintar la pieza, Daniela no puede evitar interrumpirla diciendo:

—¡Señora! Disculpe que me entrometa, ¿no le parece que quedaría mejor con amarillo?

La mujer, una artesana con años de experiencia, miró a Daniela con una sonrisa y le dijo:

—¿Te gustaría pintarla tú?

Daniela, *chiveada* (que en Guatemala significa *avergonzada*), le dijo:

—Perdone, es su trabajo, es sólo una opinión personal.

La experta artesana miró de nuevo el jarrón, y volviéndose a ver a Daniela, le preguntó:

—¿De verdad tú le pondrías amarillo sobre este azul?

—Sí —dijo Daniela con una sonrisa—, creo que le daría más brillo.

La artesana le pidió que se acercara, y le ofreció el pincel.

—¿Alguna vez has pintado cerámica? —preguntó la señora.

—Sí —dijo Daniela mientras tomaba el pincel—, pero fue hace mucho tiempo.

—Entonces, hagamos una prueba, píntala y luego veremos cómo queda —dijo la experta artesana.

Daniela humedeció el pincel en la pintura amarilla, y empezó a pintar unas flores. Al verla, la experta artesana llamó a sus compañeras para que vinieran a ver, y otras tres señoras se acercaron para ver a la joven pintar hermosas flores en ese jarrón. Daniela terminó de pintar con el amarillo, tomó el rojo, luego el púrpura, el azul y por último el verde.

El resultado se vería luego de cocinar la pieza en un horno especial para cerámica.

Mientras esa pieza se horneaba, Daniela ayudó a las mujeres a dar forma a platos, tazones y algunos utensilios de cocina. Mientras trabajaban, *platicaban* (es decir, *conversaban*):

—Aquí trabajamos cuatro mujeres —le dijo la señora a Daniela—, y como vez, todas somos mujeres mayores. En unos años no podremos seguir trabajando, y pronto no habrá nadie que continúe haciendo artesanías de nuestra cultura Maya, la que hemos heredado de nuestros antepasados.

—¿Y sus hijas? ¿No se han interesado por aprender? —preguntó Daniela.

—Siempre pasa lo mismo —dijo otra experta artesana—, las chicas que quieren hacer cerámica son las que no tienen el talento, y las que tienen el talento para la cerámica quieren trabajar en una oficina.

—No dejes que te pase eso a ti —le dijo a Daniela otra de las experimentadas artesanas—, tú tienes el talento. Aquí puedes pintar cosas diferentes cada día; no pierdas tu tiempo haciendo lo mismo todos los días en una oficina.

Un tiempo después, el jarrón estaba listo y las artesanas lo sacaron del horno.

—¡*Sa Nigua!* (en Guatemala, es un cumplido con sarcasmo) —dijo una de las viejitas—. ¡Quedó muy *chulo* (hermoso)!

La pintura en el jarrón resultó ser un trabajo muy hermoso, todas las abuelas artesanas felicitaban a Daniela.

—Tienes que pintar, es tu verdadero talento —le dijo una de las artesanas—, no deberías usar ese uniforme. ¿Por qué no vienes mañana y *nos haces la pala* (que quiere decir *nos ayudas*)?

—*Nel* (no), de verdad no puedo, tengo responsabilidades en mi trabajo —le dijo Daniela.

Una de las experimentadas artesanas le dijo:

—Sólo hay una oportunidad para vivir cada día. Después que ese día termina, no volverá nunca más, y sólo quedan los recuerdos. Así que elige bien qué recuerdos quieres tener para tu vida.

Las artesanas le regalaron a Daniela el jarrón que ella misma había pintado. Ella estaba muy feliz, lo llevó a su casa y lo colocó en su cuarto con unas flores que cortó de su jardín.

Durante la noche, desde su cama, Daniela observaba el jarrón que ella misma había pintado y *craneaba* (que quiere decir *pensaba*) en las palabras de la anciana artesana.

¿Cuántos días habían pasado desde que ella había encontrado ese trabajo que le aburría tanto? ¿Qué recuerdos le han quedado? ¿En verdad se está perdiendo de algo mejor?

Esa noche, Daniela *se cuajó* (es decir, *se durmió profundamente*). Soñó que trabajaba en un taller de cerámica, y que pintaba motivos hermosos sobre platos, tazones, jarrones, y demás cosas. Luego les tomaba fotos y las subía a sus redes sociales. En el sueño Daniela escuchó una voz que le dijo:

"Eres una heredera de la cultura Maya, tienes el talento de nuestros antepasados. No dejes que la vida se te pase sin que hagas algo que sabes que amas."

Daniela se despertó en la mañana, sintiendo algo que hace tiempo no sentía: se sentía feliz.

La joven fue a su trabajo como todos los días, pero algo había cambiado: ahora una ilusión crecía en su corazón. Ella quería pintar cerámica, sentía que tenía el deber de conservar las tradiciones de sus antepasados. Además, el dinero que ganaba en la compañía de seguros no era suficiente para hacerla feliz.

Claro que estaba *arralada* (que significa que estaba con miedo) de dejar su trabajo, pero sus ganas de experimentar cosas nuevas pudieron más que sus temores. Así que planificó su salida de la empresa de seguros, habló con las artesanas que estaban felices de darle trabajo. Un mes después renunció a su aburrido trabajo.

Tuvo que reducir sus gastos y hacer algunos sacrificios, pero se sentía feliz de hacer lo que realmente le gustaba.

Ahora, después de cinco años, Daniela tiene su propio taller de artesanía guatemalteca. Ella vende por todo el mundo a través de las redes sociales, y tiene clientes hasta en Indonesia, Singapur y Japón.

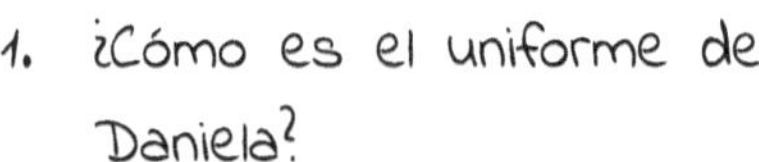

1. ¿Cómo es el uniforme de Daniela?

2. ¿En dónde Daniela puede ir a ver la artesanía guatemalteca?

3. ¿Qué significa la expresión "chiveada" en Guatemala?

4. ¿Qué le ocurrió a Daniela después que recordó su verdadero talento?

5. Además de desarrollar su talento, ¿qué otra ventaja obtuvo Daniela al convertirse en artesana?

Cuento 10: El aprendiz de negocios de Costa Rica

Luis es un próspero hombre de negocios en San José, la capital de Costa Rica. Después de muchos años de esfuerzo, tiene su empresa en Terra Campus, un centro empresarial ubicado en el "Centro Comercial Terramall", en el este de la ciudad.

Carlos es uno de sus empleados, él está realmente interesado en aprender las técnicas que Luis usa para hacer buenos negocios.

Después de trabajar para Luis por más de un año, Carlos por fin se atrevió a hablarle sobre ese asunto:

—*Pura vida, mae. ¿Tuanis o manudo?* —saludó Carlos a Luis.

(*Pura vida* es una expresión positiva de uso común en Costa Rica que sirve para decir *todo bien, hola, adiós* o *¿Qué tal?* entre otros muchos usos. Por ejemplo, alguien puede ser *pura vida*, si es alguien bueno. La expresión *mae* puede significar *hombre, amigo,* o *compañero.*)

(*Tuanis* significa *muy bien*, y *manudo* es la forma en la que se llama a un aficionado del equipo de fútbol "Alajuelense". Así que cuando preguntan: *¿Tuanis o manudo?*, es como si preguntaran: *¿Estás bien o eres aficionado del equipo Alajuelence?*)

—Por *dicha* (suerte), todo bien —respondió Luis.

—Luis, quiero preguntarte algo —dijo Carlos—. ¿Cuál es tu secreto para hacer buenos negocios?

—Ja, ja, ja —se rió Luis, y después dijo—: No todos los negocios me salen bien, algunos me salen *chuecos* (torcidos) y a veces pierdo *chochosca* (dinero).

—Pero tiene que haber algo —dijo Carlos—, algo que tú haces y que los demás no hacen, algo que hace la diferencia.

—Te diré cuál es mi *secretico* (secreto) para hacer buenos *negocitos* (negocios) —dijo Luis.

(A los costarricenses, se les llama *ticos*, debido a su costumbre de usar diminutivos al hablar; por eso, en vez de decir *secreto*, dicen *secretico*, y en vez de decir *negocios*, dicen *negocitos*; como si todo lo que hacen fuese pequeño.)

Carlos estaba expectante, por fin tendría la fórmula infalible para volverse rico, el método que lo llevaría hasta la cima.

—Mi *secretico* es que conozco a muchas personas —dijo Luis.

—¡Pero yo también conozco mucha gente! —dijo Carlos entre sorprendido y decepcionado por lo que escuchaba.

—Pero tus amigos son personas iguales a ti —dijo Luis con una sonrisa—, con tus mismos *gusticos* (gustos) e intereses.

—No entiendo —dijo Carlos—. ¿No es lo normal que uno tenga cosas en común con sus amigos?

—Claro que sí —dijo Luis—, eso es lo que todo el mundo hace, pero tú no quieres saber lo que todos hacen. Tú quieres saber mi *secretico* para hacer buenos negocios. Algunos me creen *camote* (loco), pero para progresar, no hay que hacer lo que todos hacen.

—Es verdad —dijo Carlos—, te escucho.

—Supongamos que eres ingeniero y quieres montar una *oficinita* (oficina) de ingeniería —empieza a explicar Luis—, entonces, como tienes sólo amigos ingenieros, contratas sólo ingenieros. ¿Qué sucedería?

—Nada, todo funcionaría bien, ¿no se supone que es una *oficinita* de ingeniería? —respondió Carlos sin entender aún el punto que quiere enseñarle Luis.

—Piénsalo mejor: ¿Quién haría la contabilidad? —preguntó Luis— ¿Quién haría la publicidad? ¿Quién se encargaría de la Administración? Ninguna *oficinita* de ingeniería duraría mucho tiempo si contratasen sólo a ingenieros.

—Entiendo —dijo Carlos—. Pero eso no es tan fácil, ¿de qué cosas pudiera hablar yo con alguien que no tenga nada en común conmigo?

—Has dicho algo muy importante —dijo Luis—, has dicho: "¿De qué pudiera hablar yo?" La mayoría de las personas se sienten obligadas a hablar, cuando lo único que deben hacer es preguntar, escuchar y aprender.

—¿Sólo preguntar, escuchar y aprender? —dijo Carlos.

—Sí, y es algo muy importante —dijo Luis—, porque, ¿de qué sirve tener un asesor al que no le guste hablar, que no le guste explicar, que no le guste ayudar, o que no le guste enseñar?

—Tienes razón, no sirve de nada —dijo Carlos.

—Una persona puede tener mucho conocimiento sobre algo, pero lo que estamos buscando son conocidos o amigos que estén dispuestas a compartir ese conocimiento —explicó Luis.

—Tiene sentido —dijo Carlos.

—Por ejemplo, hace poco conocí a alguien en un banco —dijo Luis—, era un hombre amable, un arquitecto. Empecé a hacerle *pregunticas* (preguntas) sobre su profesión y casi no me daba información. Finalmente, tuve que hablarle yo, para poder animar la conversación. Ahora bien, cuándo dos personas conversan, hay un intercambio de conocimiento, y en ese intercambio ¿quién crees que sale ganando?

—¿Los dos? —respondió Carlos.

—Te daré otro ejemplo —dijo Luis—: En una visita al médico, conocí a un señor que es agricultor, me dijo que tenía un *terrenito* (terreno) de un montón de hectáreas sembradas con varias cosas; él es un señor amable de los que le gusta conversar. Así que empecé a preguntarle sobre las cosas que a él le interesaban, y aprendí que ellos siembran las plantas cuando la luna está en creciente o menguante, dependiendo que tanto quieren que crezcan las plantas. ¿Quién salió ganando de esa conversación?

—Entiendo, en una conversación quien sale ganando es quien aprende algo —dijo Carlos— quien escucha, pregunta y aprende. En este caso, tú saliste ganando.

—Muy bien, ya estás entendiendo —dijo Luis—. La gente no acostumbra hacer amistad con personas que sean muy diferentes a ellos, porque creen que tienen que ser *brocha* (aduladores), o que tener algo en común es indispensable para hacer una amistad; pero la verdad es que sólo deben hacer *preguntícas* sobre aquello que la persona sabe, escuchar con atención y aprender.

—Pero, ¿cómo es que eso te ayuda para que tus negocios tengan éxito? —preguntó Carlos.

—Verás —explicó Luis—, un mes después de conocer al amable agricultor, me ofrecieron un *negocito* (negocio) para comprar un lote grande de terreno muy barato. Además, me ofrecieron las *semillitas* (semillas) para sembrar en ese terreno. El negocio parecía espectacular. ¿Sabes a quién le consulté sobre el negocio?

—Claro, al agricultor —dijo Carlos.

—Fui a visitarlo a su casa —explicó Luis—, y se ofreció para ir conmigo hasta el *terrenito* (terreno). Resultó que las semillas no iban a servir para ese terreno. Él me explicó para qué servía ese terreno y cómo tenía que usarlo. Finalmente, hice el negocio de una forma diferente y gané mucha *platica* (plata, dinero), sólo por hacer amistad con una persona diferente a mí.

—¿Ahora le debes un favor a ese agricultor? —pregunta Carlos con un poco de preocupación.

—¡Claro que sí! —dice Luis con una sonrisa—. Y yo mismo he asesorado a muchas personas de forma gratuita y ellos me deben favores; es así que se gana *chochosca* (dinero). Siendo egoístas con lo que sabemos no se gana dinero, se gana *platica* cuando compartimos lo que hemos aprendido.

—¿Quieres decir que tu secreto para hacer buenos negocios es tener quien te asesore? —preguntó Carlos.

—Exactamente —dijo Luis—, ahora sí has entendido. Si estás bien asesorado, nadie te va a *dar un diez con hueco* (que quiere decir: *estafar*). Pero, sin asesoramiento terminarás comprando cualquier *chunche* (trasto), que te hará perder dinero.

—Ahora sí entiendo —dijo Carlos pensativo—, ellos pueden ayudarnos, y nosotros podemos ayudarlos a ellos.

Preguntas

1. ¿Cuál es el nombre de la empresa de Luis?

2. ¿Cuál es el secreto de Luis para hacer buenos negocios?

3. ¿Qué deben hacer las personas según Luis?

4. En el ejemplo de Luis, ¿quién recibe el mayor beneficio en una conversación?

5. Según la historia, ¿es más importante el egoísmo o el dinero?

Cuento 11: El expandillero de San Salvador

Joel es un hombre antipático que piensa sólo en sí mismo, nunca sonríe. Para él la amabilidad es sólo una debilidad humana. Además, piensa que todo el mundo es egoísta, y que no existe ninguna persona que haga algo por otros a cambio de nada.

Pero hay una buena razón para que Joel piense de esa forma: Cuando era joven, Joel perteneció a la "Mara Salvatrucha", una peligrosa pandilla salvadoreña que llegó a ser tristemente famosa por sus numerosos actos de vandalismo.

Joel pasó algunos años en prisión por los delitos que cometió con esa *mara* (pandilla), pero al final, los que él consideraba como su familia; es decir, los miembros de su pandilla lo abandonaron. Después de eso, Joel no quiso saber nada más de la *mara*, y desde entonces, se quedó *sin cheros* (es decir: *sin amigos*).

Una tarde, una vecina llamó a su puerta. Joel abrió la puerta, y al ver a su vecina, que era una persona mayor, pensó: "Esta señora necesita algo, por eso me está tocando la puerta. Seguro que es una vieja *chambrosa* (expresión salvadoreña que quiere decir que se ocupa en hablar de todos los vecinos)."

La señora lo saludó de forma amigable:

—Buenas tardes, mi nombre es Augusta, ¿Cuál es tu nombre?

—Soy Joel —dijo él sin mucha emoción.

Hola Joel, hice una comida que me gustó mucho, y por eso quise compartirla contigo. Ten, está muy buena —le dijo la señora.

Al recibir la comida, Joel dijo:

—Muchas gracias, señora Augusta, ¿en qué puedo servirle?

—No, en nada. Yo estoy muy bien —dijo la señora Augusta—, prueba la comida, mañana me dirás qué te pareció.

Pero Joel pensó: "Algo trama esta viejita, a mí no me engaña, nadie le va a dar una comida a otro por nada, ella quiere algún favor a cambio."

La señora Augusta no volvió al día siguiente. Joel no la volvió a ver hasta la semana siguiente, cuando la señora Augusta volvió a tocar a su puerta.

Joel abrió la puerta y dijo:

—Buenos días, señora Augusta, ¿en qué puedo servirle?

—Hola Joel, disculpa que te moleste —dice la señora Augusta—. Preparé un dulce y quería compartirlo contigo.

Ahora, Joel pensó: "El favor que necesita esta viejita debe ser grande, porque ya es la segunda vez que me trae algo."

—Muchas gracias —dijo Joel—, ¿puedo ayudarle en algo?

—No, gracias por estar dispuesto a ayudar —le dijo la señora Augusta—, pero todo está bien.

Unos días más tarde, la señora Augusta volvió a tocar la puerta de la casa de Joel. Al verla por la ventanilla de la puerta, Joel vio que no tenía nada en sus manos, así que se dijo: "¡Aja! Hoy si viene a pedir algo. ¡Lo sabía!"

Joel abrió la puerta y saludó primero con una sonrisa de satisfacción diciendo:

—Buenas noches, señora Augusta, ¿en qué puedo ayudarle?

—Hola Joel, gracias por preguntar —dijo la señora Augusta—, pero por ahora estoy muy bien. Vine porque me regalaron dos entradas para dos obras de teatro diferentes a la misma hora, y cómo no puedo estar en dos sitios a la vez, me dije: "Voy a llevarle esta entrada a Joel, él siempre me pregunta si necesito algo, así podrá ir al teatro *de choto* (que significa *con todo pagado*)."

—Gracias señora Augusta —dijo Joel—. Disculpe, pero necesito preguntarle algo.

—Dime hijo, ¿qué quieres saber?

—Esta es la tercera vez que usted me trae algo y yo nunca le he dado nada —dice Joel—. Yo sé que la gente no hace las cosas por nada, por favor, dígame qué necesita de mí.

—¿De verdad crees eso? —preguntó la viejita sorprendida.

—Sí —respondió Joel.

—Entonces, necesito mostrarte algo. Ven, acompáñame.

Joel salió de su casa pensando que tenía razón, ahora iba camino a hacerle el favor a esa viejita, a cambio de la comida que ella le había estado regalando. Joel caminó unas cuantas cuadras con la viejita hasta un pequeño hospital, al llegar a la puerta la señora Augusta dijo:

—Yo vengo a este lugar tres veces por semana, para trabajar como voluntaria, ayudando a las personas que lo necesitan.

Mientras entraban, Joel pudo observar que todos los pacientes eran niños y algunos saludaban a la señora Augusta, llamándola "doctora Augusta".

—Pero, usted es médico, ¿en qué se beneficia de esto? —preguntó Joel sorprendido.

En el pequeño hospital habían personas, jóvenes y mayores que estaban ayudando como voluntarios.

—Yo no cobro por mis servicios —explicó la doctora Augusta—, y ninguna de las personas que ves aquí, trabajando, cobra por el trabajo que hace; también son voluntarios.

—Pero, ustedes no pueden hacer esto de forma gratuita, tienen que ganar algo —dijo Joel incrédulo.

—Muchas personas piensan como tú —dijo la doctora Augusta—, son personas que desde niños han visto que las personas son egoístas y sólo piensan en sí mismos.

—Es verdad —dijo Joel—, durante mi vida he aprendido a no hacer nada a menos que reciba algo a cambio. Así me enseñó la vida.

—Pero eso puede cambiar —dijo la doctora Augusta—, debes dejar de pensar sólo en ti y empezar a ser amable con otros. Debes empezar a dar desinteresadamente.

—Eso es una *chivatada* (expresión que quiere decir *un sueño*). Si lo hago, lo que sucederá es que la gente se aprovechará de mí —dijo Joel—, y tratarán de sacarme todo lo que puedan.

—Eso no sucederá porque tú tienes el control —explicó la doctora Augusta—, tú siempre tendrás el poder para decidir qué dar y cuándo dar, y siempre podrás decir que no. Pero lo importante es que des, sin esperar recibir algo a cambio.

—Es muy difícil dar sin esperar nada —confesó Joel.

—¿Eres feliz? —preguntó la doctora Augusta.

—La verdad no —dijo Joel.

Cuando yo vengo a ayudar aquí recibo felicidad —dijo la doctora Augusta—; me hace muy feliz estar aquí. Cuando empieces a dar de forma desinteresada, recibirás de vuelta más de lo que des en la forma de felicidad, pero si no das nada, ¿qué felicidad vas a recibir de vuelta?

Joel estaba sorprendido, no podía creer que hubiese personas que ayudaran a otros por nada y, además, que se pudiera recibir tanta felicidad por eso. Pero sólo debía ver las caras de las personas que trabajaban allí, todos se veían felices. Joel quedó tan impresionado que dijo:

—¿Puedo hacer una prueba? ¿Puedo ayudar sólo por un día?

—¡Claro que sí! —dijo la doctora Augusta sorprendida.

Ese día, el expandillero ayudó en un hospital de niños sin que le pagaran por sus servicios, eso le hizo sentir algo que nunca había sentido, un extraño tipo de felicidad que sólo proviene de ayudar a otros sin esperar recibir nada a cambio.

Joel empezó a ayudar como voluntario en el hospital una vez por semana. Poco a poco, empezó a cambiar, a ser más amable. Ahora se le veía más feliz. Entonces, volvió a sonreír.

Preguntas

1. ¿Cómo define Joel la amabilidad?

2. ¿A qué tipo de organización perteneció Joel cuando era joven?

3. ¿Cuál fue el segundo tipo de comida que la señora Augusta le ofreció a Joel?

4. ¿Qué le aconsejó la doctora a Joel para evitar que se aprovechen de él?

5. A través de ser voluntario en un hospital, ¿Joel pudo ser mejor persona?

Cuento 12: La periodista de Santa Cruz, Bolivia

Lorena es una estudiante de Ciencias de la Comunicación, en la "Universidad Autónoma Gabriel René Moreno" de Santa Cruz de la Sierra, en Bolivia. Ella quiere ser periodista, así que le gusta entrevistar a personas normales, de las que ha escuchado historias interesantes.

Una mañana, a Lorena se le hace tarde para ir a su universidad. Ella vive en el barrio de Urbarí, así que toma un taxi para llegar a tiempo.

—Buenos días —saluda Lorena cuando se sube al taxi—, ¿*podés* (puedes) llevarme a la Universidad Autónoma?

—*Auringa* (que en Santa Cruz significa *enseguida*) —dice el conductor—, pero hay un poco de tráfico.

Cada vez que toma un taxi, Lorena conversa con el conductor, y como buena estudiante de periodismo, siempre termina entrevistándolos.

El conductor es un hombre de aproximadamente cincuenta años. Esta vez, Lorena ha notado que el acento del conductor es diferente al de la gente de la ciudad de Santa Cruz.

—Noto que su acento es distinto, ¿*vos sos* colla? —pregunta Lorena.

(*Vos sos* significa *tú eres*. En Santa Cruz y en otros lugares de Bolivia, se habla con el *vos* en vez de *tú*, pero no sucede así en todas las regiones del país).

—Sí, soy de La Paz (la capital de Bolivia) —responde el conductor—. Soy un *colla*.

(En Bolivia, a las personas de las ciudades de La Paz, Oruro, Potosí, Sucre, Tarija y Cochabamba; suele llamárseles *collas*. Por el contrario, a las personas de las ciudades de Beni, Pando y Santa Cruz de la Sierra como la joven Lorena, se les llama *cambas*. Y hay más denominaciones, porque Bolivia es un país con varias culturas y etnias indígenas diferentes.)

—¿Hace tiempo que *vivís* (vives) en Santa Cruz? —pregunta Lorena.

—Sí, tengo diez años aquí, ya casi soy un *camba* —dice el conductor y sonríe.

—Y tu familia, ¿está aquí en Santa Cruz?

—No, mi familia está en La Paz —dice el conductor—. Allá están mis cuatro hijos y mis dos nietos pequeños.

—¿Qué hizo que vos te mudaras para Santa Cruz? —pregunta la estudiante.

—Es una historia larga —dice el conductor—, ¿de verdad *vos querés* escucharla? (*vos querés* significa *tú quieres*)

—Sí —dice Lorena—, me encantan las historias.

—Pues entonces te contaré… Cuando era joven —empieza a contar el conductor del taxi—, me casé con una mujer muy hermosa. Era una buena ama de casa y una buena madre, pero no tenía ni la menor idea de que era una mujer muy peligrosa.

—¿*Acaso*? —pregunta Lorena (¿*Acaso*? es una expresión que en Santa Cruz significa: ¿*De verdad*?).

—Sí —dice el conductor—, ella es de esas mujeres que por celos son capaces de cualquier cosa, hasta de matar.

—¿Y qué sucedió? —pregunta Lorena.

—Un día —dice el conductor—, ella descubrió que yo tenía otra mujer; así que consiguió un revolver y andaba buscándome para matarme.

—¡Y vos escapaste para Santa Cruz! —dice Lorena.

—¡No! —dice el conductor—, primero me fui a Oruro, allá llegué *yesco* (sin dinero), pero en unos días encontré *una pega* (un trabajo). Dos meses después ella fue a buscarme, y me encontró.

—¿Acaso? —pregunta Lorena sorprendida.

Sí, y me disparó tres balazos —dice el conductor—. Por fortuna ella tenía mala puntería.

—¿Y vos la denunciaste? —pregunta Lorena.

—¡No! —dice el conductor—. ¿Cómo puedo yo denunciar a la madre de mis hijos? ¿Vos te *imaginás* (imaginas) que la pongan en prisión? Mis hijos dirán que todo fue por mi culpa.

—Y entonces, ¿vos qué hiciste? —pregunta Lorena.

—Me fui a Sucre —dice el conductor—, allá viví durante dos años. Vivía con otra mujer, pero ella me encontró, y ahora tenía mejor puntería. Casi mata a la mujer que tenía allá, a mí me disparó y me hirió en el brazo. Por suerte pude escapar saltando desde un muro, si no, me mata.

El conductor le muestra a Lorena la cicatriz del disparo en el brazo.

—Y entonces, ¿qué pasó después? —pregunta Lorena más sorprendida aún.

—Me fui para Chile, para Iquique, y después para Santiago —dice el conductor.

—¿Y ella fue a buscarte a Chile? —pregunta Lorena.

—No, ella odia Chile, por eso me fui para allá —explica el conductor—. Le dije a mis hijos que me iba para Chile, pero que regresaría a Bolivia y les llamaría a escondidas para que su madre pensara que aún estaba en Chile y no siguiera buscándome.

(Algunos bolivianos odian a Chile, debido a una guerra en la que Bolivia perdió su salida al océano Pacífico.)

—¿Así que ella no sabe que usted está en Bolivia? —pregunta Lorena.

—No lo sabe, por ahora —dice el conductor.

—¿Vos *pensás* (piensas) que después de tanto tiempo, ella aún te busca para matarte? —pregunta Lorena.

—Algunas personas no olvidan —dice el conductor—, si ella sabe que estoy aquí, vendrá por mí; aunque han pasado ya diecisiete años desde que la engañé con su mejor amiga.

—¡Oh! —dice Lorena y disimula— ¿*Temés*? (temes) que algún día ella te encuentre?

—No lo temo, yo sé que ella me encontrará —dice el conductor—, sólo es cuestión de tiempo.

—*¡Elay puej!* (expresión de sorpresa positiva) Hace mucho que no escuchaba una historia así —dice Lorena—. Si usted tuviera que aconsejar a alguien sobre eso, ¿qué le diría?

—Que no vale la pena pagar durante años un precio tan caro por tener sólo unos minutos de placer —dice el conductor—. Aún si su esposa no es vengativa cómo la mía, perder a la familia es un precio muy alto a cambio de un poco de placer. En resumen, ser infiel no es un buen negocio.

—¿Qué *creés* (crees) que es lo que lleva a muchos esposos a ser infieles? —pregunta Lorena.

—Muchos son infieles sólo porque sus amigos lo son —dice el conductor—, son personas sin personalidad propia que hacen lo que sus amigos les dicen que hagan. Ellos aman a sus esposas, pero se dejan llevar por lo que dicen sus amigos.

—Es un punto de vista interesante —dice Lorena.

—Otros hombres tienen problemas de autoestima, y conquistar a otras mujeres les hace sentirse más seguros de sí mismos —dice el conductor.

—*¡Elay puej!* —dice Lorena—. Vos *parecés* (pareces) un psicólogo.

—Soy psicólogo —dice el conductor—, no he podido ejercer mi profesión por diecisiete años, porque la madre de mis hijos me encontraría fácilmente.

—Tengo que presentarte a mi *cortejo* (novio) —dice Lorena—, para que le *contés* (cuentes) esa historia.

—Con mucho gusto se la contaré —dice el conductor—, aunque vos no *parecés* (pareces) de las que matarían por celos.

—Uno nunca sabe —dice Lorena pensativa.

Preguntas

1. ¿En qué universidad estudia Lorena?

2. ¿En dónde vive Lorena?

3. ¿Qué significa la expresión "vos sos"?

4. ¿La esposa del conductor actuó de manera racional al perseguirlo?

5. ¿Es justo que el psicólogo dejara de ejercer su profesión?

Cuento 13: Las mochileras ecuatorianas

Dos chicas ecuatorianas de veintitrés años, llamadas Camila y Julia llegaron a Huaca en el norte del Ecuador. Ellas son *mochileras*.

Los *mochileros* son personas que viajan con muy poco equipaje (una mochila) y con muy poco dinero. Así que están dispuestos a sacrificar algunas comodidades, y encontrar empleos de un solo día a cambio de poder disfrutar de lo que realmente aman: viajar.

Camila y Julia vienen desde Quito, la capital del país, con la intención de seguir su viaje por tierra hasta Colombia, donde pasarán por las ciudades de Cali, Bogotá y Medellín, para luego pasar a Panamá y terminar su viaje en San José de Costa Rica.

Las chicas llegaron a Huaca en autobús, era casi de noche. Buscaron la estación de bomberos y pidieron permiso para dormir allí, pues *de ley* (muy seguramente) los bomberos las dejarían dormir en algún rincón de la estación.

—*Achachay*, ¡qué frío está haciendo! —le dijo Camila al bombero que estaba en la puerta de la estación—, ustedes tendrán algún rincón en el que estas dos niñas puedan dormir.

(*Achachay* es una expresión común para quejarse del fuerte frío que hace en la sierra ecuatoriana, que forma parte de la Cordillera de los Andes.)

—Sí —dijo el bombero con una sonrisa—, hay un rincón donde no hace tanto frío.

Los bomberos les permitieron dormir en una oficina que estaba sin uso. Aunque los mochileros están preparados para dormir *a la intemperie* (sin techo ni paredes), las chicas agradecieron poder quedarse en una oficina cerrada, pues durmieron bastante cómodas en sus bolsas de dormir acolchadas.

A la mañana siguiente, se levantaron temprano y antes de irse, les agradecieron a los bomberos por su hospitalidad. Después de desayunar, las chicas empezaron su labor del día: buscar un trabajo de un solo día.

En el pueblo era un día de fiesta regional, lo que quiere decir que muchos negocios estaban cerrados. En el mercado del pueblo, había un pequeño restaurante abierto y una señora sentada en la puerta que, al verla, se podía notar que estaba molesta por algo.

—Vamos a preguntarle a esa señora si tiene algo para nosotras *camellar* (trabajar) —dijo Julia.

—Mejor no —dijo Camila—, mira la cara que tiene, está molesta por algo.

—No importa —dijo Julia—, lo peor que puede decir es: no; para *chulla vida.* Yo le preguntaré.

(*Chulla vida* significa algo así como: *sólo se vive una vez* o *la vida es ahora. Chulla* en quichua (kichwa), el lenguaje indígena más influyente de la sierra ecuatoriana, significa *único, sólo uno.* Los ecuatorianos dicen *chulla vida* para recordar que la vida es una sola, y hay que aprovechar cada instante como si fuese el último.)

Así que Julia y Camila se acercaron a la señora y la saludaron de forma amigable.

—Buenos días, mi nombre es Julia, y ella es mi amiga Camila, estamos de paso por el pueblo ¿Cómo está usted?

—Hola, ¿qué se les ofrece? —preguntó la señora sin siquiera sonreír.

—Queríamos saber si usted tenía algún trabajo para nosotras sólo por el día de hoy —dijo Julia—. Estamos dispuestas a ayudarle en cualquier cosa que necesite.

La señora las miró de arriba a abajo y les dijo:

—Como ven, hoy hay muy poca gente en la calle —dijo la señora—, así que será un mal día y no tendré dinero para pagarles.

—No se preocupe por dinero, nosotras estamos dispuestas a trabajar a cambio de que nos invite el almuerzo —dijo Julia.

—Está bien —dijo la señora—, necesito a alguien que me ayude a limpiar bien la cocina del negocio, con agua y jabón.

—Nosotras lo haremos —dijo Julia sonriente.

Cuando entraron a la cocina pudieron ver que todo estaba lleno de grasa, así que las dos chicas pusieron manos a la obra. Camila le dijo a Julia:

—*No sea malita, deme pasando el jabón* para ponerle a todo esto.

(*No sea malita* significa *por favor* en la sierra ecuatoriana. *Dame pasando el jabón* significa *pásame el jabón*. En la costa ecuatoriana, donde está la cuidad de Guayaquil, se dice: *pásate el jabón*, pero aquí en la sierra, se considera más educado decir *dame pasando* que decir: *pásate*)

Las chicas empezaron a lavar con agua y jabón la cocina del pequeño restaurante. Todo estaba lleno de grasa, y el piso estaba muy sucio. Después de limpiar bien las estufas y los mesones, debieron restregar el piso de rodillas con un cepillo para sacar todo el sucio acumulado.

—Ya regreso, *me voy a volver* —dijo la señora y salió del restaurante, dejando a las chicas limpiando la cocina.

(*Me voy a volver* es una expresión ecuatoriana que significa que volverá pronto.)

Después de que la señora salió, Julia le dijo a Camila:

—¿Lo ves? *Guagua que no llora no mama.*

(En el Ecuador, una *guagua* (del quichua wáwa) es *un bebé*. Así que la frase: *guagua que no llora no mama*, resume la idea de que, si quieres algo, debes pedirlo.

—Tienes razón —dijo Camila—, yo nunca me hubiese atrevido a hablar con esa señora.

Mientras las chicas limpiaban, hablaban y se reían contando cosas graciosas o haciendo chistes de sí mismas. Estaban felices de haber encontrado algo qué hacer para ganarse la comida y ahorrarse algo de dinero.

Al regresar, la señora las encontró trabajando y riendo, por eso, se acercó y les dijo:

—Yo las puse a hacer el peor trabajo de todos, nadie quiere limpiar una cocina sucia, y sin embargo ¿ustedes están *como chancho en lodo*?

(En el Ecuador se habla usando muchas comparaciones: *como chancho (puerco) en lodo*, es una comparación común para decir que alguien está tan feliz como lo estaría un puerco en un lodazal.)

—Es que estamos contentas de que usted nos haya permitido trabajar y ganarnos la comida —le contestó Camila.

La señora las miró seria y dijo:

—Es verdad lo que la gente dice de los mochileros —dijo la señora con tono de decepción—, yo no podía creerlo, pero ahora veo que es cierto.

La señora dijo eso y se fue, Camila y Julia se miraron a las caras, pues no entendían lo que sucedía. Pero siguieron limpiando el piso de la cocina. Al poco tiempo, estaban riendo de nuevo.

Cuando las chicas terminaron de limpiar el piso, se sentaron a descansar, siguieron hablando y riendo. La señora se acercó, y miraba la cocina limpia revisando los detalles.

—Está bien —dijo la señora sin sonreír—, quedó muy limpio.

—Gracias por darnos algo de trabajo —dijo Camila.

La señora empezó a preparar el almuerzo, y Julia y Camila le ayudaron a cortar las hortalizas y lavar las ollas y sartenes después de cocinar.

Antes del mediodía, las tres estaban sentadas almorzando; así que Julia se atrevió a preguntar:

—¿Qué es lo que la gente dice de los mochileros?

—La gente dice que ustedes traen alegría, y que su alegría es contagiosa —dijo la señora—. Por eso, mucha gente en este pueblo está dispuesta a darles trabajo y alojarlos en sus casas.

Las chicas estaban sorprendidas por las palabras de la señora, pero Julia, que era más atrevida, aprovechó la ocasión para decir:

—Nosotras nos contentamos al encontrar quien nos ayude. La gente se siente contenta de poder ayudar a los mochileros, ¿no se siente usted contenta de ayudar a dos pobres niñas como nosotras que no tenemos dónde dormir esta noche?

En ese momento, la señora se sonrió por primera vez, tenía una hermosa sonrisa.

—Está bien, pueden quedarse en mi casa esta noche —dijo sonriente.

Las dos chicas gritaron de emoción y corrieron a abrazar a la señora. Ella empezó a reír mientras decía:

—¿Lo ven? Es verdad lo que dice la gente de ustedes, ustedes traen alegría.

Pasado el mediodía, llegaron algunos clientes y Julia empezó a atenderlos mientras Camila ayudaba en la cocina a servir la comida y lavar los platos.

Finalmente, resultó ser un buen día para el restaurante, no porque las mochileras estuviesen allí, sino porque era el único restaurante abierto en el mercado del pueblo.

Esa noche, las chicas durmieron en la casa de la señora, que ahora tenía un semblante más amable.

Al día siguiente, se despidieron de su nueva amiga, y tomaron un autobús para cruzar la frontera con destino a Cali, Colombia, donde encontrarán más amigos y tendrán más aventuras.

Con una buena actitud hacia la vida, todos podemos contagiar a otros con nuestra alegría o dejarnos contagiar de la alegría de otros.

1. ¿Qué edad tienen Camila y Julia?

2. ¿Qué son los mochileros?

3. ¿En qué país terminará el viaje de Camila y Julia?

4. ¿Por qué la gente dice que los mochileros traen alegría?

5. ¿Las mochileras colaboraron con mejorar el servicio del restaurante?

Cuento 14: Un hombre avispado, como cualquier cubano

Danilo es un hombre de aproximadamente cuarenta años. Él nació en La Habana, la capital de Cuba. Aunque tiene una esposa y cuatro hijos, nunca en su vida ha *pinchado* (trabajado) formalmente, siempre se ha ganado la vida haciendo pequeños negocios aquí y allá.

Como todos los días, Danilo sale temprano de su casa para buscar la forma de ganar algo de dinero. Al salir, se encuentra con una de sus vecinas.

—*Acere, ¿qué bola?* (saludo común en Cuba) —le dice Danilo a su vecina.

—Hola vecino —responde Ana, la vecina de Danilo sin mucha emoción.

—¿Qué pasó? —pregunta Danilo— ¿Amaneció *con el moño virao?* (*con el moño virao* significa *de mal humor*)

—No vecino, es que *me saqué la rifa del guanajo*, se me dañó la nevera esta mañana —dice Ana.

(La expresión *me saqué la rifa del guanajo* significa que nos ha sucedido algo malo para lo que no estamos preparados.)

—¡Yo la voy a ayudar vecina! Voy a traerle a un *compay* (compadre) que me arregló la nevera de la casa. Él no le va a cobrar nada por revisar. Pero eso sí, si él la arregla, esa nevera no se dañará nunca más. La mía tiene *como cien años* funcionando desde que él la arregló.

(*Compay, compadre* es la persona que acompaña a los padres como testigo del bautizo católico de su bebé. En Cuba también es sinónimo de amigo cercano.) (*Como cien años* es una *apretadera* (exageración). En Cuba son comunes las exageraciones al hablar, sobre todo si son graciosas.)

—Tráigalo a ver —dice Ana—, pero ¿seguro que no cobra por revisar?

—Por revisar no cobra nada —dice Danilo—. Voy a buscarlo y se lo traigo en seguida.

Danilo se va a *tallar* (hablar con alguien para que le preste un servicio). Cuando llega a la casa del técnico, un hombre que conoció apenas la semana pasada, lo saluda diciendo:

—Acere, ¿qué bola?

—Todo bien, ¿para qué soy bueno? —responde el técnico.

—*Socio* (amigo), tengo una vecina que tiene dañada la nevera. Yo le dije que tú podías arreglársela, pero necesito que hagamos un negocio tú y yo.

—Ajá, te escucho —dice el técnico, que ya está acostumbrado a trabajar con intermediarios que cobran comisiones por conseguirle clientes.

—Yo quiero el 10% de lo que le cobres por la mano de obra —dice Danilo—, y si hay que conseguir algún repuesto que tú no tengas, quiero que me dejes conseguirlo y vendérselo a la vecina.

—Trato hecho —le dice el técnico, que está acostumbrado a que los intermediarios quieran el 15 y hasta el 20%.

Los dos hombres van a la casa de la vecina Ana. El técnico revisa la nevera. Después de un rato, el técnico le dice a Ana el precio de la reparación, y ella acepta. El técnico repara la nevera esa misma mañana y Ana queda muy contenta.

Danilo se apresura a llevarse al técnico de la casa de Ana, para no dar tiempo a que ella le pregunte su dirección. En el camino el técnico le paga a Danilo su parte por conseguirle ese trabajo.

Ya es casi mediodía, así que Danilo va a comprar un paquete de arroz, dos *plátanos* (bananos) y seis *salvavidas* (huevos) para llevar a su casa.

La esposa de Danilo, al verlo llegar con una *jaba* (bolsa) con comida, se alegra.

—¿Te fue bien hoy? —pregunta su esposa.

—No muy bien, pero algo conseguí —responde Danilo.

La esposa de Danilo prepara una *jama* (comida) común en Cuba: cocina el arroz, fríe los huevos y hace unos *plátanos a puñetazos* (tostones). Para beber, ya tiene lista una *garapiña* (una bebida que se obtiene fermentando ligeramente la cáscara de la piña).

(Para hacer los *plátanos a puñetazos*, la esposa de Danilo coge los plátanos, los corta en ruedas y los fríe un poco; luego, los golpea para aplanarlos y los vuelve a freír.)

Después de *jamar* (comer), Danilo *coge un diez* (se recuesta a descansar). Después de *echar un pestañazo* (disfrutar de un breve sueño), se levanta. Debe salir de nuevo a la calle a ver si consigue algo de *guano* (dinero) para llevar a su casa.

Danilo va caminando por la calle, y al pasar por un *placer* (espacio descubierto en la zona urbana), se encuentra con su *ambia* (amigo) Jacinto:

—Acere, ¿qué bola? —saluda Danilo.

—Todo bien —dice Jacinto—, vente, vamos a *chuparle el rabo a la jutía* (expresión que significa *vamos a beber algo*).

—*Neka con la K* (expresión que significa *no*) —dice Danilo—. De verdad que no puedo, tengo que ganarme algo en la tarde. Si me va bien, voy para tu casa en la noche a beber; pero si me va mal, tengo que irme derechito para la casa.

—Está bien —dice Jacinto—, yo voy a estar en la casa con unas *láguer* (cervezas).

Más adelante, Danilo se encuentra con un vecino que tiene *cara de pomo de vinagre* (lo que significa que está molesto).

—Antonio, cuéntame, ¿qué te hicieron? —le pregunta Danilo.

Antonio es uno de los cubanos que está *tocao* (que está bien), ya que todos los meses recibe una generosa remesa de sus familiares de *la Yuma* (Los Estados Unidos de América). Él es un *temba* (hombre maduro) que *nunca ha jamao soga* (nunca ha pasado trabajo); por eso siempre ha sido *pesao* (insoportable).

—La Yulianis *me dio un palo* (me robó) —dice Antonio— y *vendió el cajetín* (que significa que *se escapó, se fue*).

—¡No puede ser! —dice Danilo sorprendido—. ¿Te peleaste con ella?

—Tuvimos *una fajazón* (una gran pelea) —dice Antonio—, pero nada del otro mundo.

—¿Y se llevó todo el *guano* (dinero)? —pregunta Danilo.

—Sí, por eso necesito tu ayuda —dice Antonio—, la Yulianis me dejó *pasmao* (solo y sin dinero).

—Yo *estoy en la fuácata* (no tengo dinero) —dice Danilo—, pero *no cojas lucha* (no te preocupes). Yo tengo un compay que puede prestarte algo hasta que tu familia te mande algo de *moni de la Yuma* (dinero de los Estados Unidos).

—Pero, ¿con intereses? —pregunta Antonio.

—Sí, pero puedes negociar con él. Es una buena persona siempre que le pagues —dice Danilo.

—Pero, préstame, aunque sea un par de *monjas* —insiste Antonio. (Una *monja* es un billete de cinco pesos.)

—Te juro que no tengo ni *una caña* (un peso cubano, la moneda del país).

Danilo lleva a Antonio hasta una *tabaquería* cercana (*tabaquería* es el taller donde se elaboran los famosos "habanos"). Allí le presenta a un *tabaquero* (que es el nombre que recibe quien trabaja en una tabaquería).

El tabaquero le presta *la plata* (el dinero) a Antonio, pero Antonio no sabe que Danilo recibirá una comisión por este cliente que le está consiguiendo al tabaquero. Sólo que cobrará cuando Antonio pague.

Eso fue todo lo que Danilo pudo hacer esa tarde, así que regresa a su casa sin dinero, pero con una buena historia que contarle a su esposa.

—No sabes de lo que me enteré —le dice Danilo a su esposa—, la mujer de Antonio lo robó y se fue.

—¿Quién te dijo? —pregunta la esposa sin sorprenderse.

—El mismo Antonio —responde Danilo—, me lo encontré y estaba con una *majomía* (insistencia impertinente) para que le prestara dinero.

—¿Le prestaste? —pregunta la esposa.

—¿De dónde mujer? Lo lleve a dónde el tabaquero —dice Danilo, pero se da cuenta de que su esposa no se sorprende con la noticia.

—¿Ya tú sabías? —le pregunta Danilo a su esposa.

—Eso se veía venir —dice la esposa—, esa *titi* (muchacha joven y agraciada) estaba con Antonio sólo por *el moni* (el dinero). Era cuestión de tiempo para que *le pegara los tarros* (le fuese infiel). Además, él es un *jeboso* (mujeriego), la Yulianis lo aguantó mucho tiempo, ella no es ninguna *monga* (tonta).

—¿Se fue con otro? —pregunta Danilo.

—¡Claro que sí! —dice la esposa— Ustedes los hombres siempre *están atrás del palo* (lo que significa que no se enteran de nada). La Yulianis se fue con el *niche* (persona de piel oscura) de la otra calle.

Danilo se sorprende, él es una persona avispada, pero siempre le pasa lo mismo: comparado con su esposa, él siempre *se cae de la mata* (se entera de las cosas tarde, mucho después de que suceden).

1. ¿Cuántos hijos tiene Danilo?

2. ¿Qué significa la expresión "me saqué la rifa del guanajo"?

3. ¿Qué es una apretadera?

4. ¿Ser un intermediario en Cuba ha sustituido el poder tener trabajos estables?

5. ¿Por qué Danilo era el último en enterarse de las noticias?

Cuento 15: Una estudiante chilena en Caracas, Venezuela

Patricia es una chica chilena que ha viajado a Venezuela para hacer una maestría en hidrocarburos. Tiene siete meses estudiando en la Universidad Central de Venezuela, en Caracas, la capital del país. Y desde ahí, le escribe un correo electrónico a su madre que está en Santiago de Chile:

Querida madre…

Te escribo este correo electrónico porque cuando hablamos por teléfono siempre me olvido de decirte algunas cosas.

Primero, quería recordarte que te quiero, te quiero y te quiero. Te echo mucho de menos. También echo de menos a mi papá y a mis hermanos, pero a ti te echo de menos más que a todos los demás. ¿Sabes cómo dicen los venezolanos *te echo de menos*? Dicen: *te extraño*, ¿extraño, verdad? Ja, ja, ja.

Pero son muy cariñosos, cuando te toman cariño y duran algún tiempo sin verte, siempre te dicen que *te extrañan*. Además, todos los días te saludan con un beso y un abrazo.

Gracias por enviarme el dinero, ya estaba sin un peso; aquí se dice: *estaba limpia* (que quiere decir: *estaba sin dinero*); pero ya me pagaron en el trabajo (aquí al trabajo le dicen *chamba*), así que mi economía está mejorando.

Vivo con una pareja que sale muy temprano de casa y que trabaja todo el día. Ya te he hablado de ellos, son esposos, pero casi no se ven, muy poco se hablan, no comen juntos y cada uno está en sus cosas. Las pocas veces que se sientan juntos es cuando conversan conmigo. Ojalá que conversen antes de dormir. Tengo sólo siete meses aquí, así que no sé si todas las parejas en Venezuela son así, o si es que ellos son extraños.

Ellos tienen dos niños hermosos a los que busco al colegio pasado el mediodía y cuido por las tardes. El señor de la casa trabaja muy duro, sale muy temprano y llega cuando los niños ya están dormidos; así que los ve sólo el fin de semana.

Los chicos (aquí se dice: *los chamos*) de la universidad son agradables y me tratan bien, les llama mucho la atención mi acento chileno; algunos me imitan con mucha habilidad, pero lo hacen sólo para divertirse.

Lo que nosotros llamamos *bulling*, ellos lo llaman *chalequeo* y no lo toman tan en serio, a menos que se pongan pesados; entonces deja de ser *chalequeo* y pasa a ser *abuso*. Es gracioso que cuando alguien se pone abusador *se le corta el agua y la luz* ¿qué te parece? Eso quiere decir que se le reclama en público y no se le dirige la palabra por un tiempo.

Aquí todo es diferente, hasta la luz del día tiene un tono distinto. Las calles, los edificios, las personas, las costumbres, la comida… ¡Vaya que echo de menos la comida chilena!

Con un poco de esfuerzo, aprendí a comer el pan redondo de maíz que acostumbran a comer aquí, lo llaman *arepa*. Al principio no me gustaba, pero ahora me gusta, sobre todo si está relleno con aguacate (palta).

A propósito, ellos nunca han comido caracoles, y a los mariscos los conocen muy poco. Hace tiempo que ya no digo que en Chile se come caracol, porque a ellos les parece repugnante.

A diferencia de Chile, la universidad aquí está dividida políticamente, hay dirigentes de izquierda y de derecha y de vez en cuando uno escucha una que otra discusión política entre estudiantes. También hay alborotos y protestas; pero la mayoría de los estudiantes están más preocupados por sus estudios que por la política.

Por cierto, lo que realmente les preocupa a los *chamos* de la universidad, es que no encontrarán trabajo después de que se gradúen. Aquí hay poco trabajo para la cantidad de ingenieros y contadores que se gradúan todos los años. No te imaginas con qué frecuencia me preguntan qué tan difícil es emigrar a Chile.

Es verdad que somos muy distintos en muchos aspectos, pero nos parecemos mucho en otras cosas. Por ejemplo, ellos son tan idealistas como nosotros, algunos de los muchachos en la universidad quieren cambiar el mundo. Son muy trabajadores, se levantan muy temprano para ir a la universidad o a sus trabajos. Además, quieren mucho a su familia, la llaman *mi gente*. Aquí como allá, la familia es lo primero.

Aquí también, la madre es primero. Los chicos bromean sobre lo que sus madres les harán si reprueban una materia. Ayer, una chica me dijo: "*Chama*, si me *raspan*, mi mamá me va a suspender las garantías". ¿No entiendes verdad? ¡Ja, ja, ja! Yo tampoco entendía. Esta es la traducción: "Chica, si no apruebo este semestre, mi madre me castigará quitándome hasta el internet."

Eso sí, aquí casi ninguno habla en serio, bromear es el deporte preferido de los venezolanos. Es muy difícil hablar en serio con ellos por más de diez segundos, de todo sacan un chiste y siempre andan riendo. La conversación típica del venezolano es: hablar en serio por unos segundos, luego hacer una broma, después hablar en serio por otros segundos y hacer otra broma; así pasan toda la conversación.

Ellos se burlan de todo y de todos, desde el presidente hasta el papa, nadie se escapa de la burla de los venezolanos; ellos no lo consideran una falta de respeto, es sólo *chalequeo*.

Cambiando de tema, como sabes, vine con otra chica chilena de nombre Victoria. A ella le iba muy bien, vivía con una pareja de personas mayores que la consentían y no tenía que trabajar. Pero Victoria se quejaba constantemente, a todo le encontraba el lado negativo; ella decía que no era pesimista, que más bien era realista. Pero yo creo que era demasiado negativa.

Una semana después de llegar, dejé de hablar con ella, porque era como *una nube gris*. Cuando hablaba con ella por un rato, yo terminaba viendo todo lo malo que ocurría en mi vida, y entonces tenía que reaccionar y empezar a enumerar todo lo bueno que había en mi vida. Ella me contagiaba de su pesimismo.

Finalmente, Victoria se regresó a Santiago; su espíritu negativo no la dejó terminar su maestría en hidrocarburos. Es triste que haya perdido tanto tiempo y dinero sólo por ser tan negativa.

Por el contrario, tengo una amiga venezolana llamada Anarela que dice que todo lo que nos sucede es beneficioso para nosotros de alguna forma. Imagínate que cuando rompió con su novio de varios años, decía que había aprendido mucho de esa experiencia. Anarela hace mucho esfuerzo para estudiar en la universidad, tiene que trabajar para pagar sus estudios, pero es positiva. Ella tiene fe en que las cosas le van a salir bien.

Anarela dice que tanto la actitud optimista como la pesimista terminan convirtiéndose en profecías auto cumplidas. Es decir que, si crees que reprobarás el semestre, lo reprobarás, aunque te esfuerces; y si crees que aprobarás el semestre, lo aprobarás con menos esfuerzo. Madre, lo puse a prueba, y la *chama* (chica) tiene razón.

Sobre todo, me gusta hablar con ella, porque me contagia de su optimismo. Cuando me despido de ella, siento que, con un poco de esfuerzo, puedo lograr muchas cosas y que todo me va a salir bien.

Antes me arrepentía de haber venido, porque estoy muy lejos de ustedes, pero gracias a Anarela empecé a pensar de forma más positiva. Pude ver que todo este esfuerzo solo es temporal, que el tiempo pasa muy rápido y que cuando termine y regrese; sentiré que habrá valido la pena el esfuerzo. Aquí la estoy pasando bien, pero los echo de menos, lo bueno de eso es que cuando regrese los voy a querer más. ¿Ves que todo tiene su lado positivo?

Cambiando de tema mamá, tengo que decirte que conocí a un chico que es muy guapo. Aquí se dice que *está demasiado bueno*. No, no es venezolano, es brasileño, se llama Eduardo. Creo que me lo llevaré para Santiago, aunque tenga que secuestrarlo.

Apenas nos estamos conociendo, te enviaré fotos para que lo veas, ¡es bello mamá! Ya veremos qué nos depara el futuro.

Te recuerdo todos los días porque las cosas han sido tal y como tú me dijiste que serían. He tenido que ser de mente abierta y adaptarme a muchas cosas extrañas (como la arepa). Pero he aprendido tanto, y siento que he madurado; lo más curioso es que mientras más aprendo, más consciencia tomo de lo que me falta por aprender.

Quiero seguir escribiendo, pero dejaré más confesiones para la próxima carta.

Un beso para ti y otro para mi padre, te amo madre querida.

Tu hija, Patricia.

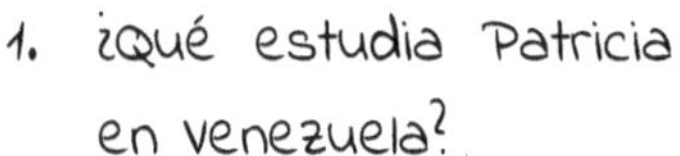

1. ¿Qué estudia Patricia en venezuela?

2. ¿Con quienes vive Patricia?

3. ¿Qué actividades realiza Patricia con los hijos de la pareja con quienes vive?

4. ¿En qué se asemejan las personas de venezuela a los que viven en Chile?

5. ¿Por qué Patricia acepta la idea de Anarela que dice que todo lo que nos sucede es beneficioso para nosotros de alguna forma?

Conclusiones

"¡Hola! ¿Cómo estás?" No importa si usted está en el norte de México o en la Patagonia chilena. Si usted saluda de esa forma, ellos le entenderán.

En los cuentos que acaba de leer, puede darse cuenta de que los latinoamericanos decimos las mismas cosas de formas muy diferentes; pero puede estar seguro de que, si llega hablando español a cualquier país hispano, podrá hacerse entender, y ellos sabrán como hablarle para que usted entienda.

El español latinoamericano es el resultado de muchos factores, entre ellos el origen de los conquistadores y colonos españoles (si eran de Andalucía, de las Islas Canarias o de Extremadura), la mezcla con las expresiones indígenas, las invasiones portuguesas, francesas, holandesas e inglesas, y los siglos de aislamiento de algunas comunidades.

Estos y otros factores dieron origen a lo que hoy conocemos como español latinoamericano que usted también puede llamar *castellano*, si gusta ser más riguroso.

Hubo un tiempo en el que existía la amenaza de que los países de Latinoamérica se dividieran en dialectos que resultarían en la separación lingüística de Hispanoamérica.

Si eso hubiese ocurrido, la lengua española tuviese el mismo destino que el latín, del que salieron el castellano, el catalán, el gallego, el portugués, el francés, el rumano, el ladino, el italiano y otros; que difícilmente se entienden entre sí. En nuestro caso, no se entenderían los mexicanos con los colombianos, ni los argentinos con los centroamericanos, y mucho menos entenderíamos a los países hispanohablantes del Caribe.

En ese tiempo, hombres como Don Andrés Bello, un venezolano que fundó el Instituto Pedagógico de Chile, se esforzaron por detener esa división lingüística, y lo lograron.

Después vino la radio y la televisión que detuvieron por completo esa tendencia a dividirnos.

Hoy somos más de cuatrocientos millones de hispanohablantes, y aunque haya diferencias en la forma en la que coloquialmente hablamos, todos vemos los canales de televisión en español y entendemos sin dificultad.

Todos vemos las películas en inglés subtituladas y entendemos, porque todos hablamos el español que se habla en nuestros países. Además, hablamos un español más internacional y neutro, que es el que usted está aprendiendo y el que está leyendo en este momento.

Por eso algunos cantantes argentinos tienen éxito en toda Latinoamérica, y otros mexicanos son conocidos hasta en Argentina. A pesar de nuestras diferencias, podemos entendernos sin mayor dificultad.

Su interés por nuestra hermosa lengua hace que cada vez seamos más los que queremos cuidarla y enseñarla.

Pero la lengua española es una lengua viva, ¿qué significa eso? Que van apareciendo cambios sutiles al pasar de los años, y nuestro órgano rector: "La Real Academia de la Lengua Española" nos ayuda a mantener el orden, al incorporar al lenguaje literario algunas palabras nuevas. ¿Quiere un ejemplo?

Hace años murió un comediante mexicano llamado Mario Moreno, más conocido como "Cantinflas". Gracias a la influencia de la lengua española, era muy conocido en Hispanoamérica y Estados Unidos. Una de sus habilidades era hablar y hablar sin decir absolutamente nada que tuviese sentido, ¿se lo imagina?

Pues bien, La Real Academia de la Lengua Española aprobó hace algunos años el uso de "cantinflada" para referirnos a la acción de hablar y hablar sin decir nada que tenga sentido.

Así, la lengua española demuestra que es una lengua viva. Y le confesamos que nos emociona mucho que personas como usted se interesen en aprender nuestra hermosa lengua.

Le agradecemos desde nuestro corazón por escoger aprender la lengua española, nuestra música le conmoverá y le alegrará el corazón, y nuestro humor le hará reír hasta que le duela la panza.

Respuestas

Cuento 1: La vecina extraña en Iquique, Chile

1. ¿Dónde trabaja Ricardo Marques?
   Ricardo trabaja en los astilleros, donde se fabrican los barcos

2. ¿Qué significan "las siglas ZOFRI"?
   "Las siglas ZOFRI" significan: Zona Franca de Iquique.

3. ¿Cómo se llama la esposa de Ricardo Marques?
   La esposa de Ricardo Marques se llama Paola.

4. ¿El uso de GPS en las plantillas de los zapatos ayude a las personas con alzheimer?
   Es una herramienta que ayudaría a encontrarlos en caso de que se les olvide el camino a casa.

5. ¿Es adecuado comunicarle a los vecinos cuando alguien sufre alguna enfermedad?
   Sí, ya que las personas cercanas pueden colaborar con su cuidado.

Cuento 2: El empresario del Uruguay

1. ¿Cuál es la capital de Uruguay?
   La capital de Uruguay es Montevideo.

2. ¿Por qué José no podía ir a la oficina?
   José no podía ir a la oficina porque llevará a su hijo al médico.

3. ¿Qué deporte practicaban Pedro y Ernesto?
   El deporte que practicaban Pedro y Ernesto es el Futbol.

4. ¿Pedro descuidó a su familia por los negocios?
   Sí, su prioridad era tener éxito en sus negocios.

5. ¿Fue buena decisión de la esposa de Pedro el exigirle salir sin sus celulares?
   Sí, por medio de esa decisión los miembros de la familia podían compartir tiempo de calidad.

Cuento 3: ¿Puede arreglar mi lavadora? República Dominicana

1. ¿Cuál es el nombre del taller de reparación de lavadoras y secadoras?

    El nombre del taller de reparación de lavadoras y secadoras es Gualey.

2. Según Ricardo, ¿cuál es su trabajo?

    Según Ricardo, su trabajo es resolver los problemas de las amas de casa y devolver la paz al hogar.

3. ¿Cómo se llama el parentesco que se forma cuando una persona sirve de testigo del bautismo religioso del hijo de alguien?

    El parentesco que se forma cuando una persona sirve de testigo del bautismo religioso del hijo de alguien es Comadre (mujer) y compadre (hombre).

4. ¿Fue lógica la discusión de los esposos en cuanto a la causa del daño de la lavadora?

    Sí. Cada uno de los esposos expone su punto de vista. Es el señor Ricardo quien los ayuda a llegar a un acuerdo.

5. ¿Por qué dice el señor Ricardo la frase *otro problema solucionado, otra familia feliz* al final del cuento?

Porque la pareja fue feliz después que la lavadora funcionara, además de estar muy contentos con el servicio de Ricardo.

Cuento 4: La carpintería de Lima, Perú

1. ¿Cómo se llama el barrio donde está la carpintería de Francisco?

   El barrio donde está la carpintería de Francisco se llama Miraflores.

2. ¿De qué está hecha la melamina?

   La melamina está hecha con desechos comprimidos de madera.

3. ¿Qué edad tienen los hijos del señor Francisco?

   Los hijos del señor Francisco tienen: treinta y cinco años (Juan), y veintisiete años (Rogelio).

4. ¿Fue difícil para Juan y Rogelio cambiar el concepto del negocio familiar?

   Ambos hermanos se adaptaron al cambio y ayudaron a su padre a buscar una solución efectiva.

5. La frase dicha por los hermanos "Tratemos de hacer lo mejor que podamos con lo que tenemos", ¿aportó buenos resultados?

   Entre todos pudieron superar la adversidad económica de la empresa sin traicionar sus principios.

Cuento 5: Una chica que no parece de Panamá

1. ¿Cuál es el nombre de la novia de Ramón?

   El nombre de la novia de Ramón es Patricia.

2. ¿Cómo se llama el lugar donde Patricia encontró a sus dos amigas?

   El lugar donde Patricia encontró a sus dos amigas se llama Soho Mall.

3. ¿A dónde se fue Ramón la noche que terminó con Patricia?

   La noche que Ramón terminó con Patricia se fue al bar de la calle Vía Argentina.

4. ¿Fue buena decisión de Patricia abandonar a Ramón por un interés económico?

   El comportamiento de Patricia denota interés y que sus sentimientos hacia Ramón no fueron sinceros.

5. ¿Claudio le brindó un buen consejo a su amigo Ramón?

   Sí, Claudio le habló con sinceridad, pues la amistad entre ambos es valiosa.

Cuento 6: El Hacker mexicano

1. ¿Cuánto dinero le ofrece Carol-19 a Enrique por el trabajo de hacker?

   Carol-19 le ofreció a Enrique dos mil dólares por el trabajo de hacker.

2. ¿Cuál es el nombre de la chica que le gusta a Enrique?

   El nombre de la chica que le gusta a Enrique es Lorena.

3. ¿Con quién irá Carla al restaurante?

   Carla irá con Tomás al restaurante.

4. ¿Valió la pena que Enrique arriesgara su vida por dinero?

   No. De no haber tenido tanta suerte al escapar, hubiese corrido el riesgo de que lo atraparan.

5. ¿Las habilidades tecnológicas de Enrique se pueden utilizar en empleos más seguros?

   Sí. Enrique pudiese dedicarse a la programación en pro de una buena causa.

Cuento 7: El mendigo del centro en Bogotá, Colombia

1. ¿Cuál es el nombre del protagonista del cuento?

   El nombre del protagonista del cuento es José Manuel Carranza.

2. ¿Cómo se llama el barrio donde vive el señor Carranza?

   El barrio donde vive el señor Carranza se llama Usaquén.

3. ¿A qué se dedicaba el señor Carranza cuando era joven?

   El señor Carranza era traficante de armas cuando era joven.

4. ¿El señor Carranza podría seguir colaborando con los niños de otra manera?

   Sí, a través de alguna fundación u organismo no gubernamental.

5. ¿Es lógico que una persona se haga pasar por mendigo para después ayudar a los necesitados?

   Sí, mientras sea un acto voluntario y no le haga daño a las personas.

Cuento 8: El paciente argentino

1. ¿Qué significa la expresión "porteño"?

La expresión porteño significa que la persona es de la ciudad de Buenos Aires.

2. ¿Cuál fue es el problema de Cristian, según el psicólogo?

Según el psicólogo, el problema de Cristian es de autoestima.

3. ¿Cómo se llama el amigo que aconsejó a Cristian?

El amigo que lo aconsejó se llama Fernando.

4. ¿Fue efectiva la estrategia de Fernando en decirle a Cristian una mentira?

La idea hizo que Cristian cambiara de actitud hacia el psicólogo.

5. ¿Cuál fue la clave para que Cristian pudiese mejorar?

El primer paso fue darse cuenta que habían muchas cosas en las que tenía éxito y que le hacían una persona especial.

Cuento 9: La artesana de Guatemala

1. ¿Cómo es el uniforme de Daniela?
   El uniforme de Daniela es hermoso: de falda y chaqueta color azul y zapatos de tacón.

2. ¿En dónde Daniela puede ir a ver la artesanía guatemalteca?
   Daniela puede ir a ver la artesanía guatemalteca en el mercado La Aurora.

3. ¿Qué significa la expresión "chiveada" en Guatemala?
   La expresión "chiveada" en Guatemala significa estar avergonzada.

4. ¿Qué le ocurrió a Daniela después que recordó su verdadero talento?
   Tuvo valor para cambiar su estilo de vida y creer en ella.

5. Además de desarrollar su talento, ¿qué otra ventaja obtuvo Daniela al convertirse en artesana?
   Transmitir la cultura Maya a las nuevas generaciones a través de la artesanía.

Cuento 10: El aprendiz de negocios de Costa Rica

1. ¿Cuál es el nombre de la empresa de Luis?
    El nombre de la empresa de Luis es Terra Campus.

2. ¿Cuál es el secreto de Luis para hacer buenos negocios?
    El secreto de Luis para hacer buenos negocios es conocer a muchas personas.

3. ¿Qué deben hacer las personas según Luis?
    Lo único que deben hacer las personas según Luis es preguntar, escuchar y aprender.

4. En el ejemplo de Luis, ¿quién recibe el mayor beneficio en una conversación?
    Cuando dos personas conversan, hay un intercambio de conocimiento y en ese intercambio se beneficia el que escucha e interpreta.

5. Según la historia, ¿es más importante el egoísmo o el dinero?
    Siendo egoístas con nuestro conocimiento no se gana dinero, se gana dinero cuando compartimos lo que hemos aprendido.

Cuento 11: El expandillero de San Salvador

1. ¿Cómo define Joel la amabilidad?

    Joel define la amabilidad como una debilidad humana.

2. ¿A qué tipo de organización perteneció Joel cuando era joven?

    Joel perteneció a la organización Mara Salvatrucha, una peligrosa pandilla salvadoreña.

3. ¿Cuál fue el segundo tipo de comida que la señora Augusta le ofreció a Joel?

    El segundo tipo de comida que la señora Augusta le ofreció a Joel fue un dulce.

4. ¿Qué le aconsejó la doctora a Joel para evitar que se aprovechen de él?

    La doctora le aconsejó acerca del poder que una persona tiene para decidir qué dar y cuándo dar, y siempre poder decir que no.

5. A través de ser voluntario en un hospital, ¿Joel pudo ser mejor persona?

    Sí, volvió a sentir la felicidad de ayudar sin esperar nada a cambio. Comenzó a ser más amable, feliz y volvió a sonreír.

Cuento 12: La periodista de Santa Cruz, Bolivia

1. ¿En qué universidad estudia Lorena?

    Lorena estudia en la Universidad Autónoma Gabriel René Moreno de Santa Cruz de la Sierra, en Bolivia.

2. ¿En dónde vive Lorena?

    Lorena vive en el barrio de Urbarí.

3. ¿Qué significa la expresión "vos sos"?

    La expresión "vos sos" significa tú eres.

4. ¿La esposa del conductor actuó de manera racional al perseguirlo?

    La esposa del conductor actuó agresivamente por la traición e infidelidad que el llevó a cabo con la amiga. Debió divorciarse y dejarlo ir.

5. ¿Es justo que el psicólogo dejara de ejercer su profesión?

    Sí. El psicólogo dejó de ejercer su profesión como consecuencia de un acto de infidelidad y por mudarse continuamente.

Cuento 13: Las mochileras ecuatorianas

1. ¿Qué edad tienen Camila y Julia?

   Camila y Julia tienen veintitrés años.

2. ¿Qué son los mochileros?

   Los mochileros son personas que viajan con muy poco equipaje (una mochila) y con muy poco dinero.

3. ¿En qué país terminará el viaje de Camila y Julia?

   El viaje de Camila y Julia terminará en el país de Costa Rica.

4. ¿Por qué la gente dice que los mochileros traen alegría?

   Porque los mochileros viven el presente. Cuando viajan lo hacen para disfrutar y su actitud es más alegre.

5. ¿Las mochileras colaboraron con mejorar el servicio del restaurante?

   Sí. Ayudaron a la dueña del restaurante a limpiar, cocinar, servir la comida y lavar los platos. Al ser el único restaurante abierto, fue visitado por las personas del pueblo.

Cuento 14: Un hombre avispado, como cualquier cubano

1. ¿Cuántos hijos tiene Danilo?

   Danilo tiene cuatro hijos.

2. ¿Qué significa la expresión "me saqué la rifa del guanajo"?

   La expresión "me saqué la rifa del guanajo" significa que nos ha sucedido algo malo para lo que no estamos preparados.

3. ¿Qué es una apretadera?

   Una apretadera son exageraciones. Es común en Cuba hablar con exageraciones, sobre todo si son graciosas.

4. ¿Ser un intermediario en Cuba ha sustituido el poder tener trabajos estables?

   A falta de oportunidades de trabajo, los cubanos han aprendido a resolver los problemas económicos de otras maneras.

5. ¿Por qué Danilo era el último en enterarse de las noticias?

   Porque siempre está pendiente de los trabajos como intermediario que pueden surgir día a día.

Cuento 15: Una estudiante chilena en Caracas, Venezuela

1. ¿Qué estudia Patricia en Venezuela?

   Patricia estudia una maestría en hidrocarburos en Venezuela.

2. ¿Con quienes vive Patricia?

   Patricia vive con una pareja de esposos.

3. ¿Qué actividades realiza Patricia con los hijos de la pareja con quienes vive?

   Entre las actividades que realiza Patricia con los hijos de la pareja, con quienes vive, están recogerlos del colegio pasado el mediodía y cuidarlos por las tardes.

4. ¿En qué se asemejan las personas de Venezuela a los que viven en Chile?

   Las personas de ambas nacionalidades son idealistas, trabajadores, quieren mucho a su familia y consideran que la madre es lo primero.

5. ¿Por qué Patricia acepta la idea de Anarela que dice que todo lo que nos sucede es beneficioso para nosotros de alguna forma?

   Porque Anarela ha ayudado a Patricia a darse cuenta de que una actitud optimista y ver el lado positivo de las cosas le facilita alcanzar sus metas.

Vielen Dank für den Kauf dieses Buches. Sie können uns gerne kontaktieren, wenn Sie unser Hörbuch als kleines Dankeschön erhalten möchten. Das Hörbuch enthält einige Kurzgeschichten in spanischer Sprache aus verschiedenen Büchern unseres Verlages. Melden Sie sich hierzu unter:

info@schinken-verlag.de

Wir sind ein kleiner Verlag und sind für Kritik, Anmerkungen, Lob oder Sonstiges ebenfalls unter dieser E-Mail-Adresse erreichbar.